中国国情调研丛书·企业卷
China's national conditions survey Series · Vol enterprises
主　编 陈佳贵
副主编 黄群慧

安徽立兴化工有限公司考察

The Investigation Report on Anhui Lixing Chemical Co.,Ltd.

徐希燕 等 / 著

经济管理出版社
ECONOMY & MANAGEMENT PUBLISHING HOUSE

图书在版编目（CIP）数据

安徽立兴化工有限公司考察/徐希燕等著．—北京：经济管理出版社，2017.12

ISBN 978-7-5096-5515-3

Ⅰ.①安…　Ⅱ.①徐…　Ⅲ.①化工企业—工业企业管理—概况—安徽
Ⅳ.①F426.7

中国版本图书馆 CIP 数据核字（2017）第 287188 号

组稿编辑：陈　力
责任编辑：陈　力　周晓东
责任印制：司东翔
责任校对：赵天宇

出版发行：经济管理出版社
（北京市海淀区北蜂窝 8 号中雅大厦 A 座 11 层　100038）
网　　址：www. E-mp. com. cn
电　　话：（010）51915602
印　　刷：三河延风印装有限公司
经　　销：新华书店
开　　本：720mm×1000mm/16
印　　张：14
字　　数：238 千字
版　　次：2018 年 3 月第 1 版　　2018 年 3 月第 1 次印刷
书　　号：ISBN 978-7-5096-5515-3
定　　价：48.00 元

《中国国情调研丛书·企业卷·乡镇卷·村庄卷》

序　言

为了贯彻党中央的指示，充分发挥中国社会科学院思想库和智囊团的作用，进一步推进理论创新，提高哲学社会科学研究水平，2006 年中国社会科学院开始实施“国情调研”项目。

改革开放以来，尤其是经历了近 30 年的改革开放进程，我国已经进入了一个新的历史时期，我国的国情发生了很大变化。从经济国情角度看，伴随着市场化改革的深入和工业化进程的推进，我国经济实现了连续近 30 年的高速增长。我国已经具有庞大的经济总量，整体经济实力显著增强，到 2006 年，我国国内生产总值达到了 209407 亿元，约合 2.67 万亿美元，列世界第四位；我国的经济结构也得到了优化，产业结构不断升级，第一产业产值的比重从 1978 年的 27.9%下降到 2006 年的 11.8%，第三产业产值的比重从 1978 年的 24.2%上升到 39.5%；2006 年，我国实际利用外资为 630.21 亿美元，列世界第四位，进出口总额达 1.76 万亿美元，列世界第三位；我国人民生活水平不断改善，城市化水平不断提升。2006 年，我国城镇居民家庭人均可支配收入从 1978 年的 343.4 元上升到 11759 元，恩格尔系数从 57.5%下降到 35.8%，农村居民家庭人均纯收入从 133.6 元上升到 3587 元，恩格尔系数从 67.7%下降到 43%，人口城市化率从 1978 年的 17.92%上升到 2006 年的 43.9%以上。经济的高速发展，必然引起国情的变化。我们的研究表明，我国的经济国情已经逐渐从一个农业经济大国转变为一个工业经济大国。但是，这只是从总体上对我国经济国情的分析判断，还缺少对我国经济国情变化分析的微观基础。这需要对我国基层单位进行详细的分析研究。实际上，深入基层进行调查研究，坚持理论与实际相结合，由此制定和执行正确的路线方针政策，是我们党领导革命、建设和改革的基本经验和基本工作方法。进行国情调研，也必须深入基层，只有深入基层，才能真正了解我国国情。

为此，中国社会科学院经济学部组织了针对我国企业、乡镇和村庄三类基层单位的国情调研活动。据国家统计局的最近一次普查，到 2005 年底，我国有国营农场 0.19 万家，国有以及规模以上非国有工业企业 27.18 万家，建筑业企业 5.88 万家；乡政府 1.66 万个，镇政府 1.89 万个，村民委员会 64.01 万个。这些基层单位是我国社会经济的细胞，是我国经济运行和社会进步的基础。要真正了解我国国情，必须对这些基层单位的构成要素、体制结构、运行机制以及生存发展状况进行深入的调查研究。

在国情调研的具体组织方面，中国社会科学院经济学部组织的调研由我牵头，第一期安排了三个大的长期的调研项目，分别是“中国企业调研”、“中国乡镇调研”和“中国村庄调研”。“中国乡镇调研”由刘树成同志和吴太昌同志具体负责，“中国村庄调研”由张晓山同志和蔡昉同志具体负责，“中国企业调研”由我和黄群慧同志具体负责。第一期项目时间为三年（2006~2009 年），每个项目至少选择 30 个调研对象。经过一年多的调查研究，这些调研活动已经取得了初步成果，分别形成了《中国国情调研丛书·企业卷》、《中国国情调研丛书·乡镇卷》和《中国国情调研丛书·村庄卷》。今后，这三个国情调研项目的调研成果还会陆续收录到这三卷书中。我们期望，通过《中国国情调研丛书·企业卷》、《中国国情调研丛书·乡镇卷》和《中国国情调研丛书·村庄卷》这三卷书，能够在一定程度上反映和描述在 21 世纪初期工业化、市场化、国际化和信息化的背景下，我国企业、乡镇和村庄的发展变化。

国情调研是一个需要不断进行的过程，以后我们还会在第一期国情调研项目基础上将这三个国情调研项目滚动开展下去，全面持续地反映我国基层单位的发展变化，为国家的科学决策服务，为提高科研水平服务，为社会科学理论创新服务。《中国国情调研丛书·企业卷》、《中国国情调研丛书·乡镇卷》和《中国国情调研丛书·村庄卷》这三卷书也会在此基础上不断丰富和完善。

中国社会科学院副院长、经济学部主任
陈佳贵
2007 年 9 月

《中国国情调研丛书·企业卷》

序　言

企业是我国社会主义市场经济的主体，是最为广泛的经济组织。要对我国经济国情进行全面深刻的了解和把握，必须对企业的情况和问题进行科学的调查和分析。深入了解我国企业生存发展的根本状况，全面把握我国企业生产经营的基本情况，仔细观察我国企业的各种行为，分析研究我国企业面临的问题，对于科学制定国家经济发展战略和宏观调控经济政策，提高宏观调控经济政策的科学性、针对性和可操作性，具有重要的意义。另外，通过“解剖麻雀”的典型调查，长期跟踪调查企业的发展，详尽反映企业的生产经营状况、改革与发展情况、各类行为和问题等，也可以为学术研究积累很好的案例研究资料。

基于上述两方面的认识，中国社会科学院国情调查选择的企业调研对象，是以中国企业及在中国境内的企业为基本调查对象，具体包括各种类型的企业，既包括不同所有制企业，也包括各个行业的企业，还包括位于不同区域、具有不同规模的各种企业。所选择的企业具有一定的代表性，或者是在这类所有制企业中具有代表性，或者是在这类行业中具有代表性，或者是在这个区域中具有代表性，或者是在这类规模的企业中具有代表性。我们期望，通过长期的调查和积累，中国社会科学院国情调查之企业调查对象，逐步覆盖各类所有制、各类行业、不同区域和规模的代表性企业。

中国社会科学院国情调查之企业调查的基本形式是典型调查，针对某个代表性的典型企业长期跟踪调查。具体调查方法除了收集查阅各类报表、管理制度、文件、分析报告、经验总结、宣传介绍等文字资料外，主要是实地调查，实地调查主要包括进行问卷调查、会议座谈或者单独访谈、现场观察写实等方式。调查过程不干扰企业的正常生产经营秩序，调查报告不能对企业正常的生产经营活动产生不良影响，不能泄露企业的商业秘密，“研究无禁区，宣传有纪律”，这是我们进行企业调研活动遵循的基本原则。

中国社会科学院国情调查之企业调查的研究成果主要包括两种形式：一是内部调研报告，主要是针对在调查企业过程中发现的某些具体但具有普遍意义的问题进行分析的报告；二是全面反映调研企业整体情况、生存发展状况的长篇调研报告。这构成了《中国国情调研丛书·企业卷》的核心内容。《中国国情调研丛书·企业卷》的基本设计是，大体上每一家被调研企业的长篇调研报告独立成为《中国国情调研丛书·企业卷》中的一册。每家企业长篇调研报告的内容，或者说《中国国情调研丛书·企业卷》每册书的内容，大致包括以下相互关联的几个方面：一是关于企业的发展历程和总体现状的调查，这是对一个企业基本情况的大体描述，使人们对企业有一个大致的了解，包括名称、历史沿革、所有者、行业或主营业务、领导体制、组织结构、资产、销售收入、效益、产品、人员等；二是有关企业生产经营的各个领域、各项活动的深入调查，包括购销、生产（或服务）、技术、财务与会计、管理等专项领域和企业活动；三是关于企业某个专门问题的调查，例如企业改革问题、安全生产问题、信息化建设问题、企业社会责任问题、技术创新问题、品牌建设问题，等等；四是通过对这些个案企业的调查分析，引申出这类企业生存发展中所反映出的一般性的问题、理论含义或者其他代表性意义。

中国正处于经济高速增长的工业化中期阶段，同时中国的经济发展又是以市场化、全球化和信息化为大背景的，我们期望通过《中国国情调研丛书·企业卷》，对中国若干具有代表性的企业进行一个全景式的描述，给处于市场化、工业化、信息化和全球化背景中的中国企业留下一幅幅具体、生动的“文字照片”。一方面，我们努力提高《中国国情调研丛书·企业卷》的写作质量，使这些“文字照片”清晰准确；另一方面，我们试图选择尽量多的企业进行调查研究，将始于2006年的中国社会科学院国情调研之企业调研活动持续下去，不断增加《中国国情调研丛书·企业卷》的数量，通过更多的“文字照片”来全面展示处于21世纪初期的中国企业的发展状况。

中国社会科学院经济学部工作室主任
黄群慧
2007年9月

目　录

第一章　公司简介

第一节　安徽绩溪

安徽立兴化工有限公司（以下简称“立兴化工”）所在的绩溪县，位于安徽省南部，地处黄山山脉和西天目山山脉结合带，长江水系与钱塘江水系分水岭，东与临安市交界，北与宁国市、旌德县毗连，西与旌德县、黄山市黄山区及歙县接壤，南与歙县相邻，县境总面积 1126 平方公里，下辖 8 个镇、3 个乡，总人口 17.68 万人。2016 年，绩溪县实现生产总值 60.8 亿元。绩溪是徽州六县之一、徽州文化发源地之一，被称为“徽厨之乡”，有“无徽不成镇，无绩不成街”之说，被评为“国家历史文化名城”“联合国绿色产业示范区”“中国徽菜之乡”“中国厨师之乡”，并且是 2008 年北京奥运会火炬传递接力城市。

截至 2016 年，绩溪境内有文化遗存 300 余处，其中祠堂 130 余幢，有徽派古民居、古道、亭庙、古水口、古桥，共有国保、省保、县保文物 53 处。有“木雕艺术殿堂”美誉的龙川胡氏宗祠，早在 1998 年就被国务院批准公布为国家重点文物保护单位，宗祠内的隔扇门裙板木雕荷花图，寓意“和谐”“和美”“和顺”“和鸣”，体现出“和”为贵的传统儒家思想。始建于宋代的绩溪文庙是皖南规模最大、保存最好的孔庙，占地面积 1439 平方米。明伦堂考棚始建于明洪武五年（1372 年）。周氏宗祠始建于明代，占地面积 1156 平方米，整体建筑保存完好，宗祠内陈列有大量徽派石雕、木雕、砖雕文物精品，已整修为绩溪县三雕博物馆。徽文化里的非物质文化遗产多出自绩溪，胡开文墨庄所制“地球墨”曾获巴拿马万国博览会金质奖章，由绩溪民间乡土菜肴演变形成的徽菜跻身于中华八大菜系。

在历史长河中，绩溪曾演绎了不朽的徽商传奇。绩溪隶属徽州千年，与徽州文化有着深刻内在的渊源关系。从某种意义上说，徽文化是一种商人文化，而绩商是徽商中的一支劲旅。宋代绩商已颇具实力，以经营徽墨、茶叶、菜馆、国药、土杂山货等为主，足迹遍布大江南北，明清时最为鼎盛。绩溪经济总量不高，但从商人人口比例看名列前茅。县内“出贾既多，土地不重”，行贾四方，甚至远涉东南亚、欧美。至民国时，全县外出经商者占总人口的25%，最高年份达到30%以上。在“田畴不逮婺源，贸迁不逮歙休”的偏僻贫弱小县，绩溪人凭着踏踏实实的作风，小本经营，最终使江南商埠有了“无绩不成街”之说，足见绩溪徽商的影响力。

位于安徽省绩溪县伏岭镇的徽杭古道始建于唐，已历经1000多年历史，是中国继“丝绸之路”“茶马古道”之后的第三条著名古道，在历史上曾经产生过巨大的政治、经济、文化作用，同时，也是一条集自然风光与神秘文化于一体的走廊。徽杭古道自皖南绩溪县临溪镇湖里村起，经仁里、汪村、瀛洲、龙川到伏岭镇的湖村，经江南村“江南第一关”、遥遥岭、马头岭、雪堂岭到达浙西临安市马啸乡止，全长75公里，是一条文化内涵深厚的徽商古道，保存有众多古村落、古关口、古石板路、古桥、古茶亭、古树等。整条古道依龙须山，傍登源河，为绩溪县主要风水龙脉，古道逍遥河更是新安江源头。2013年，徽杭古道绩溪段和古徽道东线郎溪段被国务院列为第七批全国重点文物保护单位。江南第一关（徽杭古道）被列为国家AAAA级景区。

绩溪县有龙川景区、徽杭古道景区、千年仁里景区、鄣山大峡谷、绩溪博物馆等景点。在这块自然山水雄奇秀丽、人文景观异彩纷呈土地上，走出过抗倭名将胡宗宪，红顶商人胡雪岩，还有新文化运动先驱胡适等，同时也是前国家主席胡锦涛的祖籍地。

第二节　企业简介

安徽立兴化工有限公司是一家精细化学品的专业生产企业，创建于1992年，是安徽省高新技术企业。企业地处皖南绩溪县生态工业园区内，厂区占地面积10万平方米，员工220余人。企业集产品研发、生产、销售于一体，与南京大学、陕西科技大学等多家高等院校建立了紧密的合作关系，拥有5名专家主持的安徽省企业技术中心，产品开发和市场转化能力强，并通过了ISO 9001质量体系认证。

企业生产的醚系列、油剂、有机硅系列产品，主要应用于医药、油墨、电子化学品、涂料、化纤、农药等行业，年生产能力10000多吨。企业以先进的生产装备、科学的工艺管理、严格的质量监控、周到的售后服务，造就了国际一流产品，产品远销欧美、日韩以及东南亚等多个国家和地区。2009年，立兴化工获宣城市“综合实力二十强”荣誉称号，2010年和2011年连续获宣城市“新成长型20强”荣誉称号。立兴商标荣获安徽省著名商标，立兴牌3,4′-二氯二苯醚产品荣获安徽名牌产品和重点新产品荣誉称号。2013年立兴化工获省企业技术中心认定和两项发明专利。

立兴化工秉承“勤奋立业、科技兴企、绿色经营、持续发展”经营理念，始终把安全生产、环境保护作为提高竞争力和履行社会责任的一项长期的、战略性的工作，不断引进安全自动化控制和环保处理先进设施，企业安全自动化控制水平和环境保护能力显著提升，获得了危险化学品从业单位安全标准化证，通过了清洁生产审核验收，并获得ISO 14001环境体系和OHSAS 18001职业健康安全管理体系认证证书，为企业持续稳定健康发展奠定了坚实的基础。

目前，企业拥有注册商标5件，其中LX+图形商标荣获安徽省著名商标，获得专利证书16个，其中发明专利4个，实用新型专利12个。

第三节 企业创建和发展历程

20多年的风雨兼程，立兴化工在汪德林董事长带领下一路走来，由只有一间小平房和几十平方米场地的企业发展成为如今拥有固定资产8500万元，占地面积10万平方米，员工220余人，集产品研发、生产、销售于一体的规模以上化工龙头企业。作为中小企业的典型代表，其成长伴随着改革开放和经济全球化发展的浪潮，立兴化工在发展历程、成长模式以及战略转型等诸多方面都具有一定代表性，因而也具有典型的研究和借鉴意义。

一、企业由来及名称变更情况

安徽立兴化工有限公司成立于1992年7月13日，前身是绩溪县黏合剂厂，1994年1月更名为安徽省绩溪县有机化工厂，隶属县经委管理，属大集体所有制；1995年8月改制为有限责任公司，更名为安徽省绩溪立兴化工有限责任公司；2000年10月经绩溪县经济体制改革委员会批准将安徽省绩溪立兴化工有限责任公司进行整体改制为股份制企业（即民营企业），企业名称仍为安徽省绩溪立兴化工有限责任公司；2005年10月安徽省绩溪立兴化工有限责任公司更名为安徽立兴化工有限公司，一直沿用至今。

二、企业发展历程

（一）起步阶段（1992~2001年）

1992年，汪德林董事长任绩溪县有机化工厂厂长，当时的企业既无资金，又无可开发项目，同时背负着诸多制约生存发展的历史遗留问题，全部资产仅为一间小平房和几十平方米场地，企业陷入举步维艰的局面。面对困境，汪董事长认真分析了当时的形势，带领全厂职工发扬艰苦创业、敢闯敢拼精神，稳定队伍，凝聚人心。工厂人员少，遇到生产任务紧急时，他白天

跑销售，晚上和工人一起装卸货物。他凭着无悔的执着，很快使工厂恢复了生机。同时，企业对内通过开展职工教育活动，创造团结和谐、奋发向上、艰苦创业的工作氛围；对外塑造良好的企业形象，以诚实做人、诚信做事的工作原则争取多方信任与支持，为企业尽快走出困境打下了良好的基础。此外，汪董事长深知产品技术含量和产品质量是企业赖以生存和发展的基础，为此，他亲临多所高校商谈技术合作、寻求开发新产品之路。在他的不懈努力下，企业先后与南京大学、陕西科技大学、华东理工大学等高等院校建立了紧密的合作关系，为企业长远发展提供了强有力的保证，同时也为企业渡过难关把握住了市场发展机遇。

在不畏艰辛、勇往直前的建厂元老们带领下，企业克服了一无资金、二无人手的重重困难，通过多方筹措资金、与高校合作、高薪聘请专业技术人才、积极寻找项目、拓展市场等一系列举措，在摸索中前进，在前进中寻找方向，最终确定以生产氨基硅油为主导产品的发展方向，1993 年该产品投产，并获得了市场认可，1994 年建立了年产 1000 吨的 ND-92 乳液生产线项目，1994 年度企业被认定为省级高新技术企业。到 1995 年企业终于走出困境，实现了经济的逐步好转。

1995 年，企业开始加强和完善领导班子建设，本着科学治厂、依法治厂原则，积极要求成立企业党组织和工会等组织，充分发挥党组织和工会组织在企业发展中的重要作用，为企业发展奠定坚实政治基础。在班子建设实践中，汪董事长深刻体会到企业发展的关键在班子，领导班子的精神面貌、素质高低、作风好坏，直接关系党的各项方针、政策能否在实际工作中得到贯彻落实，关系企业能否健康发展。为此，他要求领导班子成员及党员注重发挥表率作用，在各个方面更加严格要求自己，做创新开拓、勤勉奉献表率，做求真务实、真心为企的表率，做维护大局、增进团结的表率。

1996 年，企业在原基础上联合南京大学开发了 ND-94 特种氨基硅烷偶联剂，该产品获得了省科技进步三等奖和地区二等奖，并被列为国家级火炬计划，当年企业产值就达到 500 万元。1997 年，为实现跨行业发展，企业自筹资金新上了医药中间体间二氯苯项目，并在当年全国第三次工业普查中被列为全国有机硅氟材料制造业第 31 名。1998 年企业开发的阳离子氨基羟基硅油项目获得了省级火炬计划项目，该年度企业产值达 1000 万元，突破千万元大关。

1999年，企业为拓展国际市场，经过艰苦努力，于该年度下半年获得自营进出口权，拿到了将企业产品推向国际市场的通行证，企业当年销售额达1800万元。

至此，立兴化工已发展成一个初具规模的化工企业。

吃水不忘挖井人："立兴"的故事

在企业创建之初，汪董事长面临着巨大的困难和挑战，企业没有技术、没有资金、没有团队、没有销路，可谓捉襟见肘、举步维艰。在此关键时刻，两个人的出现给立兴的成长带来了曙光，也给了立兴安家立业之本。"立兴"的这个名字来自于南京大学的两位教授，一位是周庆立教授，另一位是曹永兴教授。

当时企业濒临倒闭，没有立足的技术和产品，汪董事长四处苦苦打听，终于得知周教授手里有"有机硅"技术，就赶快去拜访想求得配方。周教授对他说："这个产品前景不大，你这个小伙肯定搞不起来，建议你不要搞了。"但周教授还是给汪董事长做了一次实验，讲解一下大致反应原理。汪董事长并没有放弃，因为他认定这个技术产品在皮革、消泡、脱膜、油漆、医药和日用化妆品等领域有很多用途，就下决心一定要拿到这个配方，为自己的企业寻找生存立足产品。于是他带着一片赤诚之心去教授家里拜访，前两次，教授都没有给他，但他并没有气馁，抱着"三顾茅庐"的诚意，第三次去拜访，也许是他的真诚和执着打动了教授和师母，师母说："这个小伙不容易，就帮帮他吧。"教授说："你拿一万元钱，算我支持你。"就这样，汪董事长如愿得到了有机硅系列产品的核心技术。

研发是一个企业的核心，没有研发企业就很难立足。以有机硅为主打的产品很快上线，获得了市场的广泛认可，为立兴后来的稳步发展打下了坚实的基础，也成为立兴的主导品牌。一万元钱的核心技术，给立兴带来了几百倍的回报，这不能不感恩朴实的周教授。教授肯定知道这项技术的广泛应用空间，但还是以低成本给了汪董事长，他是看中了汪董事长的为人。真诚、执着、宽厚、睿智这些人格品质，使汪董事长和立兴都迎来了命运的转折。

汪董事长是个知恩图报之人，吃水不忘挖井人，为了感念这两位教授的恩情，决定从周庆立教授取“立”字、曹永兴教授取“兴”字，合在一起为“立兴”，作为企业的名字。即使周教授已经离开人世，汪董事长还是没有忘记他的恩情，主动与周老师学生联系，建立了更加深远的合作关系，并将企业的一部分股份分给了他。

（二）稳步成长阶段（2001~2006 年）

经过初创阶段的艰苦打拼，到 2001 年，立兴化工步入了稳步成长阶段。2001 年取得了销售额 2400 万元的世纪开门红。到 2002 年年底，企业已拥有了有机硅整理剂系列、间二氯苯、硅橡胶、醚系列的多元化产品，销售额突破 3000 万元，利税 250 万元，员工 105 人，占地面积 15000 平方米，固定资产达 1200 万元，并获得了“宣州市十佳民营企业”称号。2002 年企业获得了 ISO 9001 质量管理体系认证，2003 年通过了 ISO 14001 环境管理体系认证和 OHSAS 18001 职业健康安全管理体系认证审核。立兴化工建立了一整套完善的、符合国际市场要求的管理体系，使企业的产品更符合国际市场的要求和标准，为产品走向国际市场做出了质量、环保、职业健康安全等有力保证和承诺，也为企业产品与国外相同产品的竞争提供了平等的平台。

2004 年有喜也有忧，喜的是醚系列产品销售增长较快，逐步成为立兴化工的一个主导产品，而且还出口东南亚和台湾地区；忧的是由于受全球石油价格上涨的影响，间二氯苯产品的原材料价格上涨幅度较大，迫使利润空间大幅度缩减，使得全年有 4 个多月停产，并不是产品没有市场，而是在同等的销售价格下，企业产品没有市场竞争力，没有足够的利润空间，销售收入徘徊在 3000 多万元。

2005 年汪德林董事长审时度势，果断调整领导班子，在新班子团结领导下，紧紧围绕企业年初目标，抓机遇、求发展，全体员工齐心协力，顽强拼搏、扎实苦干，使各方面的工作取得显著成绩，完成销售收入接近 6000 万元，拥有固定资产 3400 多万元，厂区占地面积 52000 平方米，员工 150 人。2005 年 8 月 20 日，公司增加注册资本 414 万元，总计 520 万元。

（三）快速发展阶段（2006 年至今）

从 2006 年起，企业步入快速发展轨道，企业在中国质量认证中心的指导下重新建立了质量管理、环境管理、职业健康安全管理体系，企业当年完成销售收入 7811 万元，实现利税 700 万元，其中上缴税金 300 万元，在全县工业企业中销售收入排名第四，上缴税收排名第五，被县委、县政府授予“绩溪县十强企业”荣誉称号。企业基础设施建设和后勤保障服务体系也日趋完善，安全、环保投入较往年大幅度提高，员工工资涨幅创历史新高，在同行业中达最高水平，企业形成了心齐、气顺、团结的良好氛围，企业步入了健康和谐的良性发展轨道。总的来说，2006 年是企业各项工作逐步规范的一年。

2008 年，企业销售收入首次突破 1 亿元，全年销售产品 13475.8 万元，利润约 600 万元，上交各种税金近 574 万元，企业总资产达 6300 万元，员工 190 人。

2009 年是企业整体实力的储备年和发展年，销售收入接近 1.5 亿元，企业的厂容厂貌发生了巨大的变化，厂区占地面积新增 33466.18 平方米。立兴化工利用县政府西区开发建设，对企业内部结构布局进行了大调整，首先就是利用原来企业宿舍区需要进行整体搬迁的机会，在县适之中学边购得 4554 平方米的土地用于建设企业研发中心，建设内容是专家宿舍楼三栋、研发中心一栋。另外，在企业老厂区边新征用了 43.5 亩土地，并进行了土地平整。随着止源路的建成通车，企业原来七零八落的布局已不存在，原来的过往公路变成了厂内的交通要道，企业根据这一变化对布局进行了相应调整，将污水处理的部分进行了搬迁，修建了新的有机硅车间、机修车间、油炉车间以及炒洗盐车间、钢结构仓库、1，3-丙二醇后提取车间及仓库和企业新办公楼。厂区由原来的四块合并成一个整体，形成了一个完整的厂区。原来整个厂区是被一条 Y 形的道路分割成四大块：第一块包括原间二氯苯车间、有机硅车间、原技术中心楼、一栋老民房；第二块包括 2001 年建成的综合办公楼和老污水处理站；第三块包括醚二车间、1，3-丙二醇车间及两个车间之间未开发的大片土地；第四块包括醚一车间及现办公大楼未建之前的大片土地。

2010 年是立兴化工大建设、大发展年，企业总体布局进行了全面整合，厂容、厂貌焕然一新，一个花园式工厂初步形成，企业形象得到了全面提升。2010 年 6 月 18 日，企业正式搬迁至新办公大楼。为提高企业产品的生

产竞争力，扩大生产规模，同年企业着手建设了醚三车间、3 号仓库。2010 年企业进入了稳步发展阶段，销售收入突破 1.5 亿元，上缴税金 1000 余万元，税收首次突破 1000 万元，位列全县工业企业排名第 4 名。

2011 年，立兴化工又投资建设了研发中心楼、氯甲烷储罐区及 1 号、2 号仓库，至此，企业生产、办公、储存设施基本健全，完全能够满足生产经营的需要，一个花园式工厂已基本成型。

2012 年，企业研发中心大楼投入使用，并对原处于生产区的食堂、技术部、质检部进行了整体搬迁，将办公区与生产区彻底隔开，使企业各功能区的分布更加趋于合理，同时也改善了员工的办公和就餐环境。同年新建了标准化篮球场和羽毛球场，增设了乒乓球活动室，为广大员工提供了体育锻炼的场地，丰富了员工的生活。

此后的几年企业主要投资转向安全和环保设施方面，建设了安全自动化控制报警系统，对污水站进行升级改造，2014 年企业获得危险化学品从业单位安全标准化三级企业证书，2015 年企业清洁生产审核工作顺利通过市环保局验收，2016 年企业年产 5200 吨醚系列产品项目通过环保和安全验收。

企业从创业之初到 2016 年历年实现的经济指标如表 1-1 所示。

表 1-1　安徽立兴化工有限公司历年经济指标

单位：万元

年份	工业产值	销售收入	缴纳税金	利润	资产总额	负债总额
1992	—	—	—	—	—	—
1993	62	58	6.2	2.8	64	45
1994	126	130	19.1	10.4	142	90
1995	320	308	42.4	22.4	280	140
1996	528	506	74.6	28	446	290
1997	644	634	78.6	30.2	586	390
1998	704	696	82.4	28.4	804	580
1999	849	822	100.2	36.8	824	560
2000	1808	1728	204.4	92.6	1142	1036

续表

年份	工业产值	销售收入	缴纳税金	利润	资产总额	负债总额
2001	2244	2010	199	55.6	1123	989
2002	3042	2758	238.4	65	1455	1177
2003	3562	3256	173.8	33	1934	1641
2004	3598	3024	66	72	2810	1920
2005	6478	5444	91	148	3857	2557
2006	7946	6734	274	223	4503	2905
2007	10674	9046	398	388	5966	4066
2008	13606	11531	570	500	6093	3816
2009	14728	12588	841	1082	7078	3991
2010	16846	14399	1028	1448	8908	4621
2011	20009	17102	1042	873	11391	6403
2012	20830	17804	1020	1319	13266	7190
2013	22378	19127	1179	1816	13652	6071
2014	23499	20085	1204	1855	14168	4992
2015	24893	21276	1352	1947	14849	4020
2016	27120	25763	1610	1973	16763	4304

三、企业生产车间历史变迁

1992 年企业建厂之初生产车间仅有一间小平房。

1996 年 7 月建设了占地面积 196.84 平方米、建筑面积为 787.36 平方米的四层框架结构的间二氯苯车间，1997 年新上了年产 600 吨间二氯苯产品生产线（为优化产品结构，于 2013 年 12 月停止生产），2003 年企业紧抓醚产品市场大好的时机，投入资金 200 余万元进行技改扩产。

2002 年 8 月投资建设醚一车间，为一层、部分两层框架加轻钢结构，占地 705 平方米，建筑面积 1463.52 平方米，并新上了一条年产 200 吨醚系列产品生产线。

为实现企业转型升级，2003 年 6 月建设 1,3-丙二醇中试车间，为两层

框架结构，建筑面积 340.38 平方米，2010 年 5 月又建设了后提取车间，为两层、部分一层框架结构，建筑面积 394 平方米。

2008 年 3 月投资建成醚二车间，为一层、局部三层框架结构，占地 1005 平方米，建筑面积 1682.75 平方米，并新上了一条年产 1500 吨二乙二醇二甲醚产品生产线项目。为满足新上项目及企业自身发展需要，2008 年企业投资改造了污水处理站，改造后日处理污水能力达到 100 吨/天。随着企业规模的不断扩大，为解决生产过程中产生的固体废物，企业于 2009 年开始建设、2010 年 5 月建成洗炒盐车间，为两层框架结构，总建筑面积 516 平方米。2010 年 8 月投资建设了醚三车间，为两层、局部三层框架结构，占地 1288.4 平方米，建筑面积 2950 平方米，并新上了一条年产 3000 吨醚系列产品生产线，后因产品结构调整将醚一、醚二、醚三 3 个车间进行整合，并于 2014 年 7 月形成了一条年产 5200 吨醚系列产品生产线。

为满足企业各车间供热需求，2011 年 6 月对油炉车间进行改造。为满足生产经营需要，2010 年 3 月建设了 1080 平方米仓库，2011 年 5 月建成了 1572 平方米仓库，2011 年 5 月 5 日投资建设了氯甲烷储罐区，占地 13931 平方米，2015 年 9 月建设了建筑面积 805 平方米的甲类仓库、甲醇钠仓库。

四、企业办公场所及宿舍区历史变迁

1992 年建厂之初，企业办公场所仅三间小平房。1993 年建设了第二栋综合办公楼，为三层砖混结构，占地 265.5 平方米，建筑面积 648 平方米，该办公楼于 2015 年 1 月 10 日拆除。2001 年投资建设第三栋综合办公楼，建筑面积 913.58 平方米。2006 年 6 月投资建设了醚车间中控分析楼，建筑面积 372 平方米，为二层框架结构，2014 年进行加层为三层办公楼（现生产办公楼）。2009 年投资建设了第四栋综合办公楼，建筑面积 1180 平方米，2010 年 6 月 18 日正式搬迁使用。2011 年 4 月 8 日破土建设研发中心，建筑面积 3870 平方米。

企业原宿舍区于 1994 年建成，总占地面积 2645 平方米，宿舍为二层砖混结构房屋，其中二层为 2008 年扩建，总建筑面积 870.67 平方米，附属建筑有篮球场和水井。原宿舍区于 2009 年因西区开发建设被政府征收。为解决企业员工住宿问题，2009 年 8 月企业在园区印潭路与洪川路交叉口（适之中学边）建设了立兴小区，2011 年 12 月底交付使用，占地 4554.9 平方米，共建四栋楼房，总建筑面积 8348 平方米，其中研发楼一栋，为四层、局部五层框架结构，建筑面积 1690 平方米，另外专家楼三栋，为五层框架结构，共 60 套宿舍，总建筑面积 6658 平方米。

第四节　企业荣誉

安徽立兴化工有限公司获得绩溪县“五强企业”、绩溪县“公益爱心企业”、绩溪县“平安单位”、绩溪县“2015 年度五强企业”、绩溪县“2016 年度纳税 20 强企业”、宣城市“综合实力二十强”、宣城市“新成长型 20 强”、宣城市“十佳民营企业”、宣城市“消防安全先进单位”、宣城市“光彩事业奖”、“安徽省著名商标”、“安徽省质量奖”、“安徽名牌产品和重点新产品”等荣誉称号。立兴化工近 5 年获奖情况如表 1-2 所示。

表 1-2　安徽立兴化工有限公司近 5 年获奖情况

获奖名称	获奖时间	颁奖部门	获奖说明
高新技术企业	2014 年 7 月 2 日	安徽省科技厅、省财政厅、省税务局	指在国家颁布的《国家重点支持的高新技术领域》范围内，持续进行研究开发与技术成果转化，形成企业核心自主知识产权，并以此为基础开展经营活动的居民企业，是知识密集、技术密集的经济实体
安徽省企业技术中心	2013 年 8 月 30 日	安徽省经济和信息化委员会、省发改委、财政厅、科技厅、税务局、合肥海关	安徽省为鼓励和引导企业不断提高企业自主创新能力，确立企业技术创新和科技投入的主体地位，对主要产业中技术创新能力较强、创新绩效显著、具有重要示范作用的企业技术中心予以认定，并给予 20 万元的资金奖励
安徽名牌产品	2014 年 1 月 13 日	安徽省质量技术监督局、省名牌战略推进委员会	指实物质量在省内同类产品中处于领先水平或者达到国内、国际同类产品先进水平，市场占有率和知名度居行业前列，用户满意度高，具有较强的市场竞争力，由本省注册的独立法人企业生产制造，并拥有自主知识产权的产品

续表

获奖名称	获奖时间	颁奖部门	获奖说明
国家火炬计划产业化示范项目证书	2012 年 5 月	科学技术部火炬高技术产业开发中心	具有我国自主知识产权，技术水平在国内同行业中居领先地位，项目市场前景好，产业规模大，有较强的市场竞争能力和较大的市场覆盖面，是国家重点发展的高新技术产业。重点项目应在同行业中起到示范带动作用，在地方经济中起支柱作用
安徽省著名商标	2011 年 12 月 31 日	安徽省工商行政管理局	著名商标是指在市场上享有较高声誉并为相关公众所熟知的注册商标。安徽省人民政府工商行政管理部门负责著名商标的认定和保护工作，县级以上人民政府工商行政管理部门负责著名商标的推荐和保护工作
发明专利证书	2013 年 1 月 16 日	国家知识产权局	是指专利申请经审查合格，没有发现驳回理由，满足颁发授予专利权条件，由国务院专利行政部门（即国家知识产权局）作出授予专利权的决定，发给专利申请人的专利证书，是一种法律证明文件 立兴化工发明的是一种多乙烯多胺控制 pH 值发酵制备 1，3-丙二醇的方法
发明专利证书	2013 年 3 月 27 日	国家知识产权局	立兴化工发明的二丙二醇甲丙醚的制备方法获得此证书

此外，企业董事长汪德林对绩溪县经济发展、城市建设、社会进步等方面均做出了突出贡献，他先后获得了“优秀企业家”、“优秀中国特色社会主义事业建设者”、“宣城市光彩事业奖”等荣誉称号，并当选为宣城市三届人大代表、县政协常委，在任职期间他能够认真履行代表职责，积极参政议政，先后提出多项议案和建议，均是事关宣城市、绩溪县经济建设、社会发展和人民群众切身利益的热点、难点问题。

第五节　企业主导产品更迭情况

一、有机硅系列产品

企业1993年投产氨基硅油，并获得了市场认可。1994年建立年产1000吨ND-92乳液生产线项目。1994年度被列入省级高新技术企业。1996年在原基础上，企业联合南京大学开发了ND-94特种氨基硅烷偶联剂，获得了省科技进步三等奖和地区二等奖，并被列为国家级火炬计划。1997年，在全国第三次工业普查中，企业被列为全国有机硅氟材料制造业第31名，1998年，企业开发的阳离子氨基羟基硅油项目获得了省级火炬计划项目。目前有机硅系列产品虽已不是企业主导产品，但此系列产品在当前化工企业所处的外界环境压力下，是较为安全、环保的产品。立兴化工的有机硅系列产品如表1-3所示。

表1-3　安徽立兴化工有限公司有机硅系列产品

有机硅系列	有机硅系列
DJ-2抗静电剂	LX-1单组分超滑爽高回弹硅油整理剂
涤纶短纤硬棉油剂JX-15	LX-9超滑爽高回弹硅油整理剂
涤纶短纤硬棉油剂JX-99	LX-12超硬挺、滑爽硅油整理剂
涤纶油剂JX-99前纺	LX-121四组分超柔滑硅油整理剂
涤纶油剂JX-99阳	LX三组分超滑爽高回弹硅油整理剂

二、氯苯系列产品

1997年，企业为实现跨行业发展，自筹资金新上了医药中间体间二氯苯项目。公司氯苯系列产品已于2013年12月停止生产。立兴化工的氯苯系列产品如表1-4所示。

表 1-4 安徽立兴化工有限公司氯苯系列产品

产品名称	CAS RN	分子式
1,3-二氯苯（间二氯苯）	541-73-1	$C_6H_4Cl_2$
3,4′-二氯二苯醚	6842-62-2	$C_{12}H_8Cl_2O$
间氯苯甲醚	2845-89-8	C_7H_7ClO

三、醚溶剂系列产品

为迎合市场需求，确保企业稳健持久发展，立兴化工于 2002 年 8 月新上一条醚系列产品生产线。为扩大市场占有率，企业先后开发针对不同行业使用的醚溶剂产品，之后企业所上新项目基本为醚系列产品，年产从 200 吨醚系列产品逐步发展到 1500 吨醚系列产品、3000 吨醚系列产品直至目前的 5200 吨醚系列产品。目前企业醚系列产品拥有 17 种，分为乙二醇醚类和丙二醇醚类两类。醚溶剂产品主要用于医药、油墨、电子化学品、涂料、农药等行业。立兴化工的醚溶剂系列产品如表 1-5 所示。

表 1-5 安徽立兴化工有限公司双醚溶剂系列产品

产品名称	CAS RN	分子式
乙二醇二甲醚	110-71-4	$C_4H_{10}O_2$
二乙二醇二甲醚	111-96-6	$C_6H_{14}O_3$
二乙二醇二乙醚	112-36-7	$C_8H_{18}O_3$
二乙二醇甲乙醚	1002-67-1	$C_7H_{16}O_3$
丙二醇二甲醚	7778-85-0	$C_5H_{12}O_2$
二丙二醇二甲醚	111109-77-4	$C_8H_{18}O_3$
二丙二醇甲丙醚	150407-54-8	$C_{10}H_{22}O_3$
3-甲氧基-1-丙醇	1589-49-7	$C_4H_{10}O_2$
三乙二醇二甲醚	112-49-2	$C_8H_{18}O_4$
四乙二醇二甲醚	143-24-8	$C_{10}H_{22}O_5$
二乙二醇二丁醚	112-73-2	$C_{12}H_{26}O_3$

续表

产品名称	CAS RN	分子式
乙二醇二乙醚	629-14-1	$C_6H_{14}O_2$
四乙二醇单丁醚	1559-34-8	$C_{12}H_{26}O_5$
乙二醇二丁醚	112-48-1	$C_{10}H_{22}O_2$
丙二醇甲丁醚	—	$C_8H_{18}O_2$
二丙二醇甲丁醚	—	$C_{11}H_{24}O_3$
丙二醇甲丙醚	—	$C_7H_{14}O_2$

第二章　公司治理与组织架构

第一节　公司治理结构演变

一、大集体所有制（1992~1995年）

安徽立兴化工有限公司成立日期是1992年7月13日，前身是绩溪县黏合剂厂，1994年1月更名为安徽省绩溪县有机化工厂，隶属县经委管理，属大集体所有制。

二、有限责任制（1995~2000年）

1995年8月改制为有限责任公司，更名为安徽省绩溪立兴化工有限责任公司。

三、公司制改制（2000年至今）

2000年10月经绩溪县经济体制改革委员会批准将安徽省绩溪立兴化工有限责任公司进行整体改制为股份制公司（即民营企业），公司名称仍为安徽省绩溪立兴化工有限责任公司。

2005年10月安徽省绩溪立兴化工有限责任公司更名为安徽立兴化工有限公司，一直沿用至今。公司股权先后变更两次，2005年之前注册资本为106万元，2005年8月20日增加注册资本414万元，总计520万元。

第二节　公司治理基本架构

一、股东大会

股东大会是公司最高权力机构，由全体股东组成，对公司重大事项进行决策，有权选任和解除董事，并对公司的经营管理有广泛决定权。股东大会既是一种定期或临时举行的由全体股东出席的会议，又是一种非常设的由全体股东组成的公司制企业的最高权力机关。它是股东作为企业财产的所有者，对企业行使财产管理权的组织。企业一切重大的人事任免和重大的经营决策须经股东会认可和批准方才有效。

安徽立兴化工有限公司股东大会由汪德林（董事长）（42.5%）、张墩明（10.58%）、任俊虎（副总）（8.65%）、黄绪民（副总）（8.65%）和程松华（副总）（8.65%）等21位股东组成。

二、董事会

董事会由董事组成、对内掌管公司事务、对外代表公司经营决策机构。公司设董事会，由股东会选举。董事会设董事长一人，副董事长一人，董事长、副董事长由董事会选举产生。

安徽立兴化工有限公司董事会成员包括汪德林（董事长）、张墩明、任俊虎、黄绪民、程松华5人。

三、监事会

监事会由股东会选举的监事以及由公司职工民主选举的监事组成，对公司的法律教育网业务活动进行监督和检查的法定必设和常设机构。监事会，也称公司监察委员会，是股份公司法定的必备监督机关，是在股东大会领导下，与董事会并列设置，对董事会和总经理行政管理系统行使监督的内部组织。

安徽立兴化工有限公司监事会现有成员 2 名。

四、经理层

公司现有办公室、财务部、生产部、设备部、信息技术储备部、安环部、质检部、采购部、内销部、外销部共 10 个部门，每个部门均设部门经理一名，部门经理是协调部门内和企业内资源调配的管理人员。

第三节 公司党工团行政工作

公司党支部成立于 1995 年 8 月，现有 13 人，任俊虎任党支部书记。

公司工会成立于 1995 年 7 月，现有 210 人，程松华任工会主席。

公司团支部成立于 2010 年 10 月，现有 5 人，惠延风（办公室副主任）任团支部书记。

公司妇女组织合并于工会中，由女工委黄蓉（财务部副经理）负责。

第四节 公司组织结构与职责

安徽立兴化工有限公司的组织结构如图 2-1 所示。

公司有办公室、财务部、采购部、生产部、质检部、安环部、设备部、内销部、外销部、信息技术储备部共 10 个部门，各部门具体职责如下。

一、办公室工作职责

协助总经理做好综合、协调各部门工作和处理日常事务；负责汇总公司年度综合性资料，草拟公司年度总结、工作计划和其他综合性文稿，及时撰写总经理发言稿以及其他以公司名义的发言文稿审核工作；协助参与公司发展规划的拟订、年度经营计划的编制和公司重大决策事项的讨论；组织公司

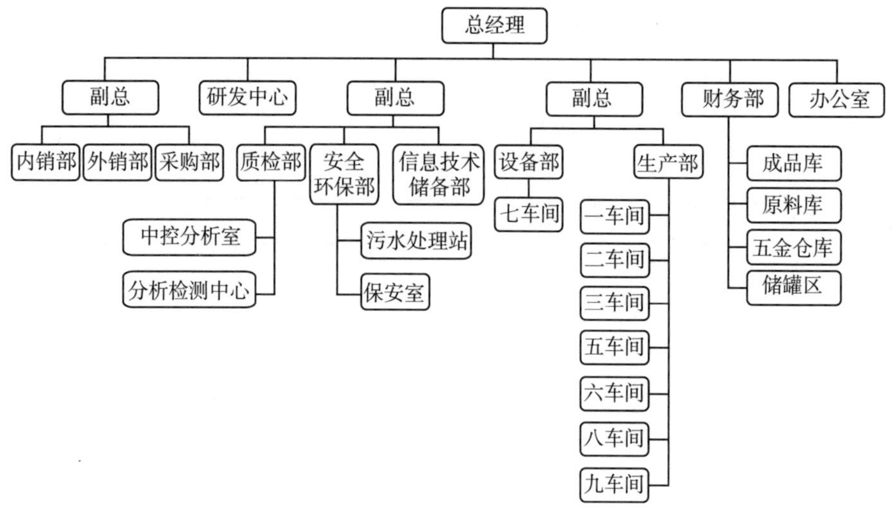

图 2-1　安徽立兴化工有限公司组织结构

投资项目的洽谈、调研、立项报批、工程招投标、开工、竣工、预算、决算等有关工作，及时编制项目计划和项目进度统计报表，认真做好项目的监督管理工作；负责行政后勤、保卫工作管理制度拟订、检查、监督、控制和执行。

二、财务部工作职责

负责建立健全公司财务管理、会计核算有关制度，督促各项制度的实施和执行；定期编制年、季、月度种类财务会计报表，搞好年度会计决算工作；组织编制公司年度、季度成本、利润、资金、费用等有关的财务指标计划，定期检查、监督、考核计划的执行情况，结合经营实际，及时调整和控制计划的实施；负责公司资金缴、拨、按时上缴税款，办理现金收支和银行结算业务，及时登记现金和银行存款日记账，保管库存现金，保管好有关印章、空白收据、空白支票；负责固定资产及专项基金的管理，办理固定资产的购建、转移、报废等财务审核手续，正确计提折旧，定期组织盘点，做到账、卡、物三相符；负责流动资金的管理，会同仓库等部门，定期组织清查盘点，做到账、卡、物相符；负责公司产品成本核算工作。制定规范的成本核算方法，正确分摊成本费用。

三、采购部工作职责

负责公司原材料、辅助材料和五金配件采购；负责采购原料的价格查询，及时掌握公司所需原、辅材料的市场价格行情，真正做到货比三家；负责对大宗原料的供应商进行评估，及时掌握对方的信息，以确保公司正常生产经营；负责编制原、辅材料及备品配件的供应计划，认真组织原辅材料、小五金配件等零星材料的采购，做好原辅材料、小五金配件等备品配件的进、出、存库统计核算工作。

四、生产部工作职责

组织生产制度拟订、检查、监督、控制及执行；密切配合营销部门，确保产品及时交付；负责组织生产现场管理工作，重视环境保护工作，严格执行环保法规制度以及公司有关环保的规定，杜绝重大环保事故的发生；负责抓好生产安全教育，加强安全生产的控制、实施；严格执行安全法规、生产操作规程，抓好劳动防护管理，即时监督检查，确保安全生产，杜绝重大火灾、设备、人身伤亡事故的发生；负责做好生产调度管理工作；负责产品更新改造时的工艺计划，合理设计车间的产品布局和工序间的协调，并组织试生产，不断提高产品的市场竞争力；负责生产部门员工的岗位培训、安全知识培训并进行定期考核。

五、质检部工作职责

负责本公司产品质量管理工作，按 ISO 9001 标准要求建立质量管理体系，参加公司内部质量审核，协调落实、纠正和预防措施，跟踪验证，负责供货方审核验证工作，确保产品质量符合规定要求；负责公司的原、辅材料进货、生产过程、成品及后处理过程中物料检验 3 个环节的检验工作；建立原、辅材料、生产过程和成品检验记录及质量统计报表，每月进行质量总结分析，提出改进意见；负责检验仪器的配置、使用、校正和维护保养，保证检验工作的正常进行。

六、安全环保部工作职责

负责组织公司干部职工进行《安全法》《环保法》、安全技术、劳动防护等安全环保方面法规的学习、培训、考核；组织开展各种安全宣传、教育、培训活动；负责组织制定、修订、审查安全技术规程和其他安全、环保管理制度；负责制定安全大检查的方案并组织开展安全大检查活动，协调和督促有关部门对查出的隐患制定防范措施和整改计划，并检查、监督隐患整改工作的完成情况；负责公司级安全生产、环境风险应急预案的制定和演练，并对特种设备及各类安全附件进行安全检查，负责特种作业人员及安全管理人员的证件办理工作；负责各类事故汇总、统计上报工作，主管人身伤亡、爆炸事故的调查处理，参加基层上报的各类事故的调查、处理工作；安全生产工作进行考核评比，对在安全生产中有贡献者或事故责任者，提出奖惩意见；会同工会等有关部门组织开展安全生产竞赛活动，总结交流安全生产先进经验；开展安全技术研究，推广安全生产成果、先进技术及现代安全管理办法；加强安全工作基础建设，做好各种安全台账、票证管理；定期召开安全专业人员会议，指导基层安全工作；对发生事故的单位和个人，严格按照“四不放过”的原则进行处理；定期检测工业废水的排放浓度，并督促有关单位采取措施；负责环境污染事故的调查和分析，负责统计上报；要求完成安全、环保方面的日报、月报表及相关材料工作。

七、设备部工作职责

负责制定设备管理制度、安全生产管理制度、环保管理制度；负责制定设备、计量器具五金配件的技术要求及检验规程；制订设备大修计划以及技改项目的设备改造计划并组织实施；负责安全教育、安全培训，组织安全生产检查，督促安全隐患整改；检查指导维修班日常工作，督促点检制度、安全生产检查例行制度的落实；负责做好生产设备维护检修工作，及时处理解决生产当中出现的设备等故障问题，确保生产工作的正常运行。

八、内销部工作职责

负责制定销售管理制度，拟定销售管理办法、产品及物资管理制度、明

确销售工作标准、建立销售管理网络，协调、指导、调度、检查、考核销售工作；负责编制年、季、月度产品销售和货款回笼计划，并按时交生产、财务部门，便于统一平衡、合理下达计划、组织生产作业、及时回笼资金；负责编制销售统计报表，做好销售统计核算基础管理工作，建立健全各种原始记录、统计台账，及时汇总填报年、季、月度销售统计报表；负责产品销售运输工作，组织产品的运输、调配，完善发运过程的一切手续；积极开展市场调查、分析和预测，做好市场信息的收集、整理和反馈，掌握市场动态，积极适时、合理有效开辟新的经销网点，努力拓宽业务渠道，不断扩大公司产品的市场占有率；负责做好产品的售后服务工作，经常走访用户，及时处理好用户投诉，保证客户满意，提高企业信誉。

九、外销部工作职责

负责产品的国外市场业务，积极做好产品的出口贸易；熟悉外贸工作的相关法律法规，合理利用，积极拓展国际市场；负责外贸业务的收汇、核销工作，保证财务部及时准确办理免、抵、退税业务；积极开展市场调查、分析和预测，做好市场信息的收集、整理和反馈，掌握市场动态，积极适时、合理有效地开辟新的经销网点，努力拓宽业务渠道，不断扩大公司产品的市场占有率；负责做好产品售后服务工作，经常与用户沟通，及时处理好用户投诉，保证客户满意，提高企业的国际知名度。

十、信息技术储备部工作职责

负责制定公司技术管理制度，负责建立和完善标准化技术规程、技术情报管理制度；组织和编制公司技术发展规划，编制近期技术提高工作计划，编制长远技术发展和技术措施规划，并组织对计划、规划的拟定、修改、补充、实施等一系列技术组织和管理工作；合理编制技术文件，改进和规范工艺流程；负责制定公司产品的企业技术标准，实现产品的规范化管理；及时指导、处理、协调和解决产品出现的技术和质量问题，确保经营工作的正常进行；及时搜集整理国内外产品发展信息，及时把握产品发展趋势并报告总经理；负责公司新产品的设计与开发工作。

第五节 公司工作流程设计

安徽立兴化工有限公司重视过程展开前的策划，重视过程行为与策划的相符，重视过程结果的有效性，用以支持战略目标的实现。公司重视对工作流程进行持续创新与突破，使流程能够与时俱进，既能够使公司产品及服务质量保持优良与稳定，又能够使工作方法与公司发展同步。

一、工作流程设计原则

安徽立兴化工有限公司围绕创造价值的链条，设计工作系统与识别关键工作过程。核心价值体系是工作系统设计的指导思想，是否支持公司的愿景、使命与核心价值观，是检验工作系统设计是否合理的根本评价标准；是否有利于提升采购与集成能力，是检验工作系统与关键过程的设计是否有效的评价标准；是否有利于组织学习与持续创新，是检验工作系统与关键过程设计能否支持公司可持续发展的根本标准。

因此，立兴化工工作体系与关键过程设计围绕“是否符合核心价值体系要求、是否有利于提升采购与集成能力、是否有利于学习创新”三个原则展开。

二、识别关键工作过程

关键工作过程是为企业经营带来最大增值的过程，对企业的成功经营和取得可持续的竞争起着非常重要的作用。立兴化工通过定量和定性分析关键工作过程的增值能力和对企业的贡献，并认定采购部的采购过程和内销部、外销部的营销过程为主要价值创造过程，即采购部对毛利率提供直接支持，内销部、外销部对销售收入和服务提供直接支持。

公司应用价值链分析方法、编制满足顾客及相关方需求的对策矩阵，全面识别顾客与相关方及其需求，全面分析满足需求的对策与方法，为关键过程的设计提供准确输入。流程编制的各责任部门将顾客、供应商、合作伙伴

和协作者的信息和能力方面的数据作为流程编制的输入条件。公司编制的《一体化管理手册》《程序文件》和《工作文件》，为顾客创造价值及公司可持续发展提供了行为标准和规范。

三、突发事件应对

公司将突发事件视为经营风险范畴，为加强风险管理，公司制定了《风险控制管理程序》，明确了风险的识别、评估、管理、监控等，对风险进行多层面控制，确保公司生产安全。公司通过以下风险防范机制控制管理中出现的风险：

（1）战略策划完成后识别分析盲点；

（2）任务计划编成后识别不确定因素；

（3）针对盲点与不确定因素编制清单；

（4）根据风险清单落实责任与对策；

（5）回避、化解、承担、转移风险。

公司在经营风险控制方面的制度体系建设规定有《风险控制管理程序》《安全生产管理制度》《安全操作规程》《应急救援预案》等。

四、过程相符性和有效性控制

安徽立兴化工有限公司重视制度与流程建设，主张凡事先立规矩、凡事均有章可循，经过十几年积累，公司的制度与流程覆盖了公司全部经营活动，2006 年通过贯彻 ISO 9001 质量管理体系标准，使公司的制度与流程更加体系化、标准化。立兴化工工作流程管理体系文件包括一体化管理手册、程序文件。

公司通过制订计划、实时沟通、监视测量对过程进行相符性和有效性控制，公司监视测量体系如图 2-2 所示。

五、过程改进

安徽立兴化工有限公司基于相关方利益，对战略目标实施过程进行持续的监视测量、分析评估，运用过程质量检查结果、绩效评估结果以及专家认证评审结果，识别过程改进的需求，确定改进目标，制订改进计划，然后按

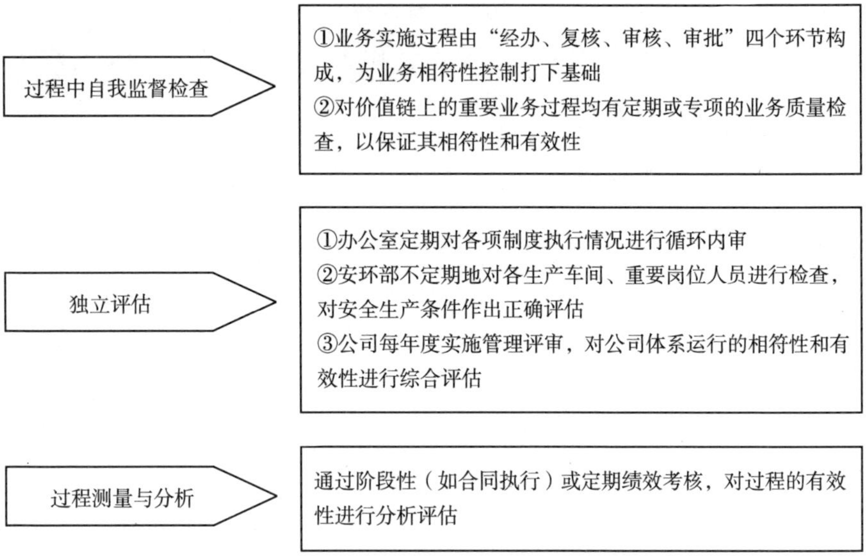

过程中自我监督检查	①业务实施过程由“经办、复核、审核、审批”四个环节构成，为业务相符性控制打下基础 ②对价值链上的重要业务过程均有定期或专项的业务质量检查，以保证其相符性和有效性
独立评估	①办公室定期对各项制度执行情况进行循环内审 ②安环部不定期地对各生产车间、重要岗位人员进行检查，对安全生产条件作出正确评估 ③公司每年度实施管理评审，对公司体系运行的相符性和有效性进行综合评估
过程测量与分析	通过阶段性（如合同执行）或定期绩效考核，对过程的有效性进行分析评估

图 2-2　安徽立兴化工有限公司监视测量体系

计划改进，并通过内外部审计、内外部审核、管理评审、自我评价、顾客满意度测评、考核激励等评估改进的效果，将改进的经验案例纳入公司知识库在公司推广共享，并完善公司文件体系和过程设计，以推动工作持续改进。

第三章　战略管理

第一节　公司战略管理概况

一、战略分析

SWOT 分析即基于内外部竞争环境和竞争条件下的态势分析，将与研究对象密切相关的内部优势、劣势和外部机会和威胁等，通过调查列举出来，并依照矩阵形式排列，用系统分析思想，把各种因素相互联系加以分析，从中得出一系列相应结论，而结论通常带有一定的决策性。运用这种方法，可以对研究对象所处的情景进行全面、系统、准确研究，从而根据研究结果制定相应的发展战略、计划以及对策等。

按照企业竞争战略的完整概念，战略应是一个企业“能够做的”（即组织的强项和弱项）和“可能做的”（即环境的机会和威胁）之间的有机组合。

（一）内部优势分析

1. 产品质量优势

安徽立兴化工有限公司现有三大系列二十多个产品，其中醚系列产品市场占有率高，在绩溪县化工行业中处于龙头地位，产品具有较强的竞争优势。公司醚系列产品的优势是规模大、品种多、质量有保证、服务优良、信誉好等。

立兴化工通过质量管理体系的有效运行，不断提升产品质量。公司最早于2002年通过了ISO 9001质量体系认证，产品质量管理严格按照GB/T 19001—2008/ISO 19001：2008标准要求进行，产品质量稳定、优良，达到相关标准要求，得到客户一致好评。特别是公司双醚产品，如乙二醇二甲醚、二乙二醇二甲醚等产品中水分含量在100ppm以下，产品含量在99.97%以上，达到了电子行业要求。公司自主研发的3,4′-氯二苯醚、二丙二醇甲丙醚、1,3-丙二醇单甲醚等系列产品，各项技术指标均达到行业领先水平，公司产品质量在国内外行业具有明显优势。

2. 创新、技术研发优势

公司领导致力于创建可持续发展组织，重视各方面创新，详见表3-1。

表3-1　安徽立兴化工有限公司的创新体系

创新内容	创新方式
注重管理创新	积极进行流程再造，发挥团队协作能力
注重产品创新	始终以顾客为中心，以创新思路不断加大产品研发力度，不断推出新产品
注重技术创新	积极引进国际领先水平的生产设备和生产技术，通过设备更新换代、工艺技术创新等措施不断为市场、顾客提供高质量并令人满意的产品
注重服务创新	主动上门为顾客解决产品在应用过程中出现的问题，为顾客提供整体解决方案，最大限度满足顾客需求
注重营销创新	充分整合内部资源，形成“大营销”模式

在技术创新方面，早在2008年公司就组建了自己的企业技术中心，利用高校的研发资源，同时结合自身的生产实际，以及产品市场的延伸情况，千方百计开发适销对路产品，2013年公司获得了省认定企业技术中心荣誉称号。近年来，公司不断加大技改和技术创新力度，充分发挥科技力量，使企业经济效益和技术创新工作取得明显成效，2013年至今取得已授权的国家发明专利4项、实用新型专利1项，申报已受理专利12项，申报受理的发明专利3项，在国内外核心期刊发表论文3篇，企业拥有省级科学技术研究成果2项。

3. 品牌优势

立兴化工从创建之初在抓企业新产品开发的同时，就注重品牌建设，公

司现有注册商标5件，LX+图形商标在2008年就被认定为安徽省著名商标，目前，立兴商标在化纤行业、电子、医药、油墨等行业都享有一定知名度。3,4′-二氯二苯醚产品荣获安徽名牌产品和重点新产品称号。2015年公司再次获得安徽省质量奖荣誉称号。

此外，公司双醚系列产品生产能力国内最大、质量最优、自主研发与创新能力强，拥有完善的营销网络和领先的品牌优势，已在行业树立了巨大影响力。

4. 客户资源优势

公司拥有丰富的客户资源，为全面了解和获取相关的信息，公司还专门成立了信息技术储备部，通过网络查询、向供应商询价、收集其他公司资料、市场实地调查等方式获取行业内具有竞争性数据，对行业外类似过程比较性数据则主要通过查询和收集资料方式获取，并对获取的信息进行甄别、挑选、分析，去伪存真。

（二）内部劣势分析

1. 人才招引困难

由于企业地处山区，交通相对闭塞，人才引进和留用比较难，导致公司缺乏高水准的管理人才和技术人才。

2. 管理规范化水平不高

公司在关键业务方面所面临的战略挑战有：销售人员专业素质不高，缺乏学习意识和市场开拓意识，对市场的判断缺乏超前意识。运营方面所面临的战略挑战有：新产品开发速度慢，生产成本过高，公司没有达到利润最大化。人力资源方面所面临的战略挑战有：用工难；员工年龄结构、知识结构不尽合理。

3. 设备生产能力有待扩大

设备生产能力还需扩大，特别是醚类产品，有时不能及时供货，导致客户流失，降低了自身的竞争能力。

4. 有机硅产品质量缺乏明显优势

公司有机硅产品质量在同行业中缺乏明显优势，应不断改进和提高。

（三）外部机会分析

精细化工是以通用化工为基础，生产过程包括化学合成、精制加工两个部分，属于技术密集、资金密集行业。精细化工产品一般是小批量、多品种、小包装、质量高的专用产品，生产精细化工品要求人才、技术、资金、市场等多种条件协同作用。

近年来，随着石油化工向深加工方向发展和高新技术蓬勃兴起，国际精细化工行业得到前所未有的快速发展，年均增长率为5%~6%，增长速度明显高于整个化学工业的2%~3%。

精细化工是目前世界各国化学工业最具发展潜力和前景的领域之一，其产品涉及医药、食品添加剂、农药、动保产品、新能源、电子化学、水处理剂、黏合剂、催化剂等，广泛用于国民经济、军事和人民生活各个方面。发展精细化工已成为各国调整化学工业结构、提升化工产业能级和增强化工竞争力的重中之重。由于精细化学品的难以替代性，应用范围不断向纵深扩张，精细化工行业的快速发展已成为化工行业发展必然趋势。随着科研力量及产能的提升，中国精细化工已得到迅速发展，精细化率已达到40%~50%水平。目前精细化工细分品种与日俱增，其生产能力、产量、品种和生产厂家仍在不断增长。

与发达国家相比，中国精细化工产品的整体技术水平仍然偏低，精细化工行业的核心技术与国际先进水平还存在一定差距，高性能、功能化和高附加值精细化学品一定程度上仍依赖进口。相比发达国家的60%以上的精细化工率水平，中国精细化工行业具有较大的提升空间。

近年来，我国十分重视精细化工行业发展，把精细化工作为化学工业发展的战略重点之一，列入多项国家发展计划，在国家政策和资金支持及市场需求引导下，我国精细化工也呈现出快速发展趋势。随着战略性新兴产业政策的出台，国内精细化工行业将迎来更大发展空间，“十三五”期间精细化工行业结构调整和转型升级的步伐必然加快，行业的竞争实力将进一步增强。

（四）外部威胁分析

企业在制定发展战略的过程中一定要重视外部环境，才能促使企业更好地规避不利因素。

1. 国内经济环境不景气

随着国家经济的下行和美国负债的增长，欧洲难民问题的加剧，国内外整体经济形势不容乐观。2016 年，中国 GDP 的增长率为 6.7%。从具体的数据可以看出，2016 年度国内的消费、投资及进出口额的增长速度都出现了不同程度下滑，国内经济出现下行的压力。

2. 相关产业竞争压力加大

随着跨国企业进入内地市场，市场竞争逐渐加剧。比如，目前国家对于有机硅行业的反垄断保护已经到期，跨国公司纷纷以投资或合资方式在内地投资建厂，同时许多国内投资商也纷纷加入有机硅行业竞争，而原先一些有机硅行业的先行者则通过发行上市等途径获得了大量的发展资金。

3. 国家环保要求更加严格

国家对于环保的严控，导致公司环保支出在加大，并带来政策的不确定性。随着国家新《环保法》的实施，一些生产工艺落后、公司生产环境不符合国家环保要求的企业生存环境与空间也越来越小。国家在环保方面对立兴化工提出了更高要求。

二、战略选择

公司战略在满足公司“为员工创造财富，为社会创建和谐，铸造驰名品牌，成就百年立兴”前提下，通过内外部信息收集与分析，采用相应战略工具，制定公司战略，而参与战略制定的人员包括公司领导及各职能部门相关人员。

通过 PEST、SWOT 等分析方法，对公司所处宏观环境、行业竞争环境及公司优劣势进行分析，在明确公司行业地位基础上，选择规模化与产品多元化战略，通过“最大的生产规模、最优质安全的产品、最丰富的产品结构、最佳的服务与最优秀的团队”来推动企业发展，实现公司建立百年老店的企业愿景。

公司战略规划分为一年短期规划和三年长期规划。公司依据长、短期战略区间划分，每年年底根据年度经营目标完成情况，分析公司面临的挑战和机遇，修订下一年度的短期战略及后三年长期战略。这种短期和长期战略的动态调整保证了公司长期、稳定、可持续发展。

公司拥有优秀的研发团队，为产品技术创新提供了有力支持；化工生产多年经验与先进的生产工艺和工艺组合确保多元化产品生产。公司的生产规模、营销团队和强大的销售网络也保证了战略的执行。

公司也充分考虑目前所处的环境以及各种有利和不利的因素，并制定出相应的应对措施，把握和利用各种有利条件，趋利避害，推动公司发展战略的实施。未来公司将进一步完善内部管理流程、加大人才培养力度，提升技术服务水平，通过多元化产品与规模化生产销售为公司可持续发展提供动力。

三、战略展开

在总体战略下，公司从加大技术创新、确保生产、供应和拓展市场营销三个方面制订行动计划及策略方案。

20 多年来，公司专注于各类化工产品的研发与生产，致力于建设百年老店，在规模不断扩大的过程中，公司面临挑战主要有：厂区扩建受限、所处地域的畸高成本、金融危机等。主要应对对策如下：

（1）应对扩产受限：从公司发展和给社会带来的就业机会以及促进绩溪县经济发展角度，与政府和相关方协商达成共识，谋求更大发展。

（2）应对成本压力：通过挖潜、改造，降消耗，快周转，提升自动化水平，提升效率，科学合理地配置员工和实行弹性作业时间，降低成本。

（3）应对金融危机：加强内功，拓展和细分市场，让利促终端，合理控制安全库存，提升顾客信心及忠诚度。

（4）进行资金风险管理：通过 SAP/KMS/KDS 系统，全方位管理资金的使用，资金回笼和流向严格审批，避免坏账。加强预算管理，合理安全地使用银行授信额度，降低财务费用，定期进行财务诊断，每周提供库存和实际成本与市场行情差异表。加强与银行的融资合作，争取最优惠、最安全的结算方式。

公司行动计划的展开着眼于各业务实际情况，从销售部门制订年度销售计划开始，各部门层层落实，分别制订相应的生产计划、采购计划、资金预算计划以及人力资源计划。在实施中，及时对过程进行控制和调整，以保证沟通顺畅，在差异性和一致性之间达到平衡，保证计划具有较强的可操作性。

公司建立了目标管理体系，各部门依据职责制定、分解、实施、改进部

门年度目标，并进行全面控制。通过各层次的目标分解和达成来确保公司总目标的实现，并针对公司每年目标的变化，不断改进完善指标体系。公司实行管理人员季度考核制度，评估每月各部门的绩效情况，将绩效和个人业绩与晋升挂钩，充分发挥全体员工工作潜力，保证战略的顺利实施。

公司建立年度、季度、月度管理会议制度，及时总结工作、解决计划中所遇到的问题，通过严谨和细致的管理流程使公司能有效地对各业务单元的战略执行情况进行评估、指导和监督，使行动计划始终保持有效执行。

如果需要调整行动计划，公司会及时在各层面进行传达和沟通。在每年年终总结会上，公司制定下年度目标、预算等并报请董事会审议，获准后组织各部门实施。

公司建立了系统的绩效测量和改进体系，采用平衡计分卡测量和 PDCA 进行绩效改进。通过标杆学习和对竞争对手的分析，找出自身不足和优势。

第二节　聚焦战略

聚焦战略又称集中型战略，是指把经营战略重点放在一个特定的目标市场上，为特定的地区或特定的购买者集团提供特殊产品或服务。该战略的前提思想是：企业业务的专一化，能以更高的效率和更好的效果为某一狭窄的细分市场服务，从而超越在较广阔范围内竞争对手，避免大而弱的分散投资局面，进而容易形成企业的核心竞争力。

安徽立兴化工有限公司作为一家精细化学品的专业生产企业，根据战略、自身竞争优势，确定目标顾客群并划分细分市场，不断确定顾客和市场的需求、期望和偏好，以确保产品和服务不断符合需要，并开发新产品，拓展新市场。

一、聚焦细分市场

安徽立兴化工有限公司产品主要包括醚系列、油剂、有机硅系列。产品主要客户群为医药、化纤、电子、油墨等行业。市场细分为电子行业客户、医药、化纤行业客户、油墨行业客户。不同行业客户群对产品和服务的主要要求、期望及差异不同。

二、了解顾客需求和期望

公司运用80/20法则，充分关注关键顾客需求，同时针对不同的顾客群采取不同的了解办法，如问卷调查、访谈研究、联谊会、顾客倾向型问题讨论会、信息发布会等。合理使用当前和以往顾客相关信息，包括投诉、抱怨、顾客满意度调查结果、顾客流失信息等，将这些信息用于产品和服务的策划、营销、工作改进和其他业务开发。公司对了解顾客需求和期望的多种方法的适用性、有效性进行分析和改进，使之适合企业的战略规划和发展方向。

三、顾客关系的建立

围绕“顾客需要什么，企业就应该供应什么；顾客现在需要什么，企业就应该生产什么；顾客将来需要什么，企业就应该研发什么”理念，公司逐步建立和完善顾客关系。公司在产品生产和提供的各个环节均以顾客需求为活动的输入条件，以顾客满意为过程结果的评价标准。公司制定了《满足顾客、供方、相关方需求控制程序》，将顾客、相关方需求及其满足对策形成公司及各关键业务部门的《顾客、供方、相关方需求矩阵表》，编入公司《一体化管理手册》《程序文件》和《工作文件》，用标准化、规范化的体系文件控制服务过程的质量，保证输出产品和服务质量的稳定，以赢得和保持顾客，增加顾客忠诚，吸引潜在顾客，开拓新的商机，并测定顾客满意，提高顾客满意度。

公司从以下方面建立与顾客的关系：

（1）与关键顾客建立战略伙伴关系，满足其期望，以提高其满意度和忠诚度。公司在管理实践中清醒地认识到，仅有满意的顾客还不够，必须要有十分满意的顾客（忠诚顾客），顾客满意与顾客忠诚之间存在着正相关关系，顾客满意度的一点点增加将大大增加顾客忠诚度。顾客忠诚与利润之间存在着正相关关系，顾客忠诚所增加的利润来自其节省营销及运作成本和增加的销售额。公司衡量顾客忠诚度有三种方法，即行为、态度和组合衡量。“行为衡量”方法将认准立兴产品的购买行为作为忠诚度的指针。“态度衡

量”方法则应用顾客态度方面的信息，反映其对一个品牌在精神和心理上的维系程度，态度测量与顾客在忠诚、允诺等方面的意识有关。“组合衡量”方法是将行为衡量和态度衡量两方面结合起来，通过顾客对产品的认可度和常规用量来综合衡量其忠诚度。

（2）公司明确，顾客查询信息、交易和投诉的主要接触方式有直接拜访、联谊会、订货会、电子商务、电话、传真等。确定关键顾客对接触方式的要求，并将这些要求传达到组织内有关的每一位员工和每一个过程，通过口头、电话、会议、文件等方式传达。

（3）以“首问负责制”“分工授权制”为投诉处理原则，规范顾客投诉和反馈流程，并坚持“有诉必复，有错即改”的工作原则。具体做法如下：一是对投诉信息分部门记录、收集和整理；二是判断其有效性，对投诉进行处理跟进和处理结果反馈；三是实施改进；四是将投诉处理信息保存在公司知识库内，供全体员工学习和分享，确保投诉能够得到及时有效解决，以达到提高整体绩效的效果。

（4）定期评价建立顾客关系的方法，对方法的适合性、有效性进行分析和改进，使之适合公司的战略规划和发展方向。如问询法可能导致收集的信息不真实，有的信息滞后，而采用顾客倾向性问题讨论会效果就会更好一些。

四、顾客满意的监视

立兴化工建立了专门的顾客满意度监控与测量流程，对确定顾客满意、不满意和忠诚的调查方法进行策划，通过调查的展开获得基本数据并对数据进行分析，以将顾客满意与不满意信息作为改进依据。为确保顾客满意信息的充分与准确，立兴化工于2006年开始专门聘请第三方专业机构进行顾客满意度调查。调查方式有面访、散发问卷、电话及传真问卷等，通过专业机构的调查，公司获得了不同类型顾客的意见与建议，这些意见与建议对公司工作持续改进有着非常重要的意义。

公司与主要客户建立了良好沟通机制，不定期对客户进行满意度调查，对客户的投诉做到24小时内必有处理结果答复客户。此外，公司领导层还会到各主要供应商和客户公司拜访，建立良好的伙伴关系。

公司全面推行卓越绩效管理模式，以顾客和市场为中心，不断追求卓越。公司认为唯有满足当前及未来的顾客需求，企业在市场上才能立于不败之地。因此，公司聘请专门顾问公司对产品市场进行预测及分析，以掌握未来的市场动态，通过预测市场发展趋势，得知未来的市场需求，并聚焦顾客需求，通过 PEST 进行行业发展走势分析、成熟度分析、区域经济规模和发展格局分析等，以对未来顾客与市场展开预测。

第三节　多方面探索

为实现公司转型升级，探索企业可持续发展之路，公司于 2003 年 6 月建设 1，3-丙二醇中试车间，于 2010 年 5 月建设后提取车间。因公司地理位置不占优势，高端技术人才引进较为困难且处于传统化工产业链条中，对于生化系列产品研发、生产工艺控制等方面知识欠缺，此车间于 2011 年年底停产。

但立兴化工对转型生化产品的方向没有改变，公司于 2009 年 11 月 30 日成立关联公司安徽正兴生物科技有限公司，专门经营以还原型谷胱甘肽为原料的利薇德泰牌谷瑞德胶囊。

谷瑞德胶囊保健品具有广阔的市场前景，2010 年，公司在上海邀请了国内知名肝病专家和国家食品药品监督管理总局新药评委，共同参与对还原型谷胱甘肽产品的下游开发研讨。与会专家一致认为，进行还原型谷胱甘肽下游保健食品的开发前景十分广阔。还原型谷胱甘肽具有抗氧化、清除自由基、解毒、保护肝脏、增强免疫力、延缓衰老、消除疲劳、养颜美容、美白护肤功效。目前，该产品在日本以及欧美国家得到了广泛使用，符合国家提出的发展大健康产业的要求。

为加快转型升级，2015 年 10 月，公司开始筹备建设年产 1 亿粒谷瑞德胶囊产品项目，此项目符合国家相关产业政策，有国家食品药品监管局国产保健食品批准证书，项目总投资额为 10000 万元，固定资产投资 7000 万元。本项目建成投产后，预计可实现销售收入 60000 万元，利税总额 10000 万元。此产品目前属于代加工阶段，处于起步阶段，但产品具有强大的市场潜力，目前已有多家企业与公司洽谈销售。

第四章　技术研发管理

第一节　公司研发管理现状

一、技术研发主体

（一）公司内部研发能力

安徽立兴化工有限公司是安徽省高新技术企业，公司拥有 7 名专家主持的安徽省企业技术中心，拥有一支研发能力强、技术水平高、工程化实践经验丰富的研究团队，其中相对固定和较高水平的工程技术研究和工程设计人员 12 人。中心产品研发团队人员结构合理，多人曾独立完成各种重大新技术和新产品的开发工作，主要研发人员曾独立或协助组织多项目的成果开发，因而研发队伍具有很强的开发能力，产品开发和市场转化能力强。

公司以提升企业竞争力为目标，加大企业技术中心投入，包括人才建设、研发手段及研发设备建设，利用企业技术中心优势，使企业产品和技术标准达到国际先进水平，成为国内行业标准的标杆。公司不断加快技术创新步伐，将技术成果转化为生产力，将公司培育成具有持续创新能力的创新型企业，打造企业的核心技术与能力，实现公司可持续发展战略。

公司研发中心楼建筑面积 3871 平方米，研究开发场所面积 600 平方米，中试车间面积 388 平方米。公司拥有多种先进技术、生产及技术管理软件，从微机、工作站到小型机配置，拥有内部网络、专用专利数据库、专用信息技术库。技术中心采用先进的设计、管理软件，从工艺设计、路线设计、化工工艺设计到生产加工全部采用7188系统控制软件，并采用产品数据管理系统。目前技术中心拥有先进的工作站和化工专用办公软件，实现了办公自动化。

公司技术中心拥有先进的有机合成产品实验室、高分子实验室、生物化工实验室、分析检测中心，各种试验用品、检测设备不断更新，为开发新产品、完善新工艺提供了条件。实验室配备了气相色谱仪、液相色谱仪、水分测定仪等多种精密分析、测定仪器；小型脱盐设备、不锈钢反应釜搅拌系统、小型不锈钢膜分离设备等试验仪器；不锈钢反应釜、不锈钢精馏釜、汽化器等中试设备。公司还逐年添置先进的色谱工作站和实验设施，不断进行系统升级，使产品开发周期缩短了50%。公司具有开发和生产醚系列产品必要的基础设施和设备，企业的工艺工装和检测手段基本齐全，生产与试验设备可满足工艺研究试制阶段基本试验需求。

（二）与高校及科研开发机构合作

产学研合作之路是迅速提高企业技术能力的一条捷径，公司一贯坚持与高校及科研开发机构合作，与南京大学、陕西科技大学、天津大学等多家高等院校建立了紧密的合作关系，近年来签订了多项技术合同并取得了实效。2013年与陕西科技大学签订了“硅烷化氟代聚丙酸酯树脂乳液防水剂项目”合作协议，2014年与南京大学签订了“醚类副产物的回收利用和无害化处理项目”合作协议，2015年与天津大学签订了“混醚精密精馏分离新工艺开发项目”合作协议，2016年与安迪吉尔新材料有限公司签订了“新型聚酯纤维整理用有机硅助剂项目”合作协议。

二、公司研发投入

安徽立兴化工有限公司现研发年投入1000万元，占2016年销售收入的4%。

公司从以下方面描述资源结果，包括基础设施、信息、技术、相关方关系等资源方面的绩效，包括对比数据。

基础设施资源方面，公司占地面积100000平方米，车间建筑面积20000平方米，仓库面积15000平方米。2011年起，公司每年基本建设投资

350 万元，每年的技术改造投资约 500 万元。最近几年基础设施和投资呈上升趋势。

信息资源方面，公司计算机硬件系统投资 20 万元，软件系统的开发和应用投资约 50 万元，普遍应用于办公、营销、财务结算等方面，目前拥有台式计算机 53 台，随着企业发展壮大，数量会逐步增加。

技术资源方面，市场调研经费支出每年约 100 万元，占销售收入的 0.6%，新产品产值率为 5.3%，已申请专利技术 5 项，获得专利 2 项和科技进步奖 3 个。

第二节　技术创新奖励办法

为调动公司全体员工创新意识和工作积极性，充分发挥集体智慧，鼓励员工关注创新、思考创新、开展创新，加快企业发展步伐，提高公司可持续发展的核心竞争力，安徽立兴化工有限公司制定了技术创新奖励办法。

一、创新奖类别

创新奖励包括科技创新奖、管理创新奖、合理化建议奖。

科技创新奖主要用来奖励在科技创新工作中取得突出成绩的单位和个人，包括开发新技术（新产品）、技术改进优化、技术难点突破、提高产品质量、节能降耗、设备改进等。

管理创新奖主要用来奖励在管理创新工作中取得突出成绩的单位和个人，包括新的管理工具、管理手段、管理模式的引进和运用、管理办法的创新等。

合理化建议奖主要用来奖励对生产经营等各方面提出合理建议或办法（被采纳和落实）的单位和个人，合理化建议采用书面形式，内容不限。

二、创新奖级别和奖励标准

根据预期价值、社会效益或已产生的经济效益（经济效益为从产生效益之日起第一个年度内产生的经济效益总和）划分，科技创新、管理创新主要分贡献奖、社会效益奖、经济效益奖三种，合理化建议分为一、二、三等奖三个级别，详见表4-1。

表4-1　安徽立兴化工有限公司技术创新奖励及评判标准

奖项类别	级别	评判标准（以年度为单位计算）	奖励标准
科技创新奖、管理创新奖	贡献奖	仅限于开发新技术（新产品）方面。对于开发的新技术（新产品），工艺技术成熟，但因当时市场或其他因素不能进行规模化生产并产生经济效益的，经公司创新奖项评审委员会评定有潜在效益，可作为公司技术（产品）储备	一次性奖励1000~5000元
	社会效益奖	对公司技术（产品）、设备进行改进或通过创新管理方式，虽没有明显经济效益，但是可以降低污染物的排放或提高安全系数等社会效益	一次性奖励1000~5000元
	经济效益奖	开发出新技术（新产品），产生实际经济效益1万元及以上	1. 按销售额的0.7%计算奖励；2. 按利润的7%予以奖励。两种计算方法有误差时按高的方法计算奖励，最高奖励不超过15万元
		通过技术改进优化、技术难点突破、提高产品质量、节能降耗、设备改进、管理创新等产生实际效益在1万元以上	按利润或直接节约成本的7%予以奖励，最高奖励不超过15万元
合理化建议奖	三等奖	直接节约成本大于2000元，或创造现实或潜在经济效益大于2000元	200元
	二等奖	直接节约成本大于10000元，或创造现实或潜在经济效益大于10000元	500~1000元
	一等奖	直接节约成本大于50000元，或创造现实或潜在经济效益大于50000元	1000~2000元

第三节 醚材料工程技术研究中心

安徽立兴化工有限公司企业技术中心在新产品开发、新工艺改造方面取得了很大成就，特别是乙二醇二甲醚脱水工艺，经过技术中心工艺改造，既节省成本，又节能减排。通过对二乙二醇二丁醚原有合成路线进行工艺改进，使原有成本降低约40%。公司双醚系列产品的生产技术尤为先进，所生产的双醚系列产品，产品单耗及质量均处于国内同行业领先水平。

一、所属技术领域

依托安徽立兴化工有限公司成立的安徽省醚材料工程技术研究中心，其产业技术领域为“醚材料”，在国家重点支持的高新技术领域中属于“功能精细化学品—高性能、水性化功能涂料及助剂”。立兴化工主要生产双醚系列产品，在该技术领域具有较雄厚的基础和显著特色，其技术水平、研发能力、生产规模在全省首屈一指。

二、在行业中的地位和作用

从行业内企业布局情况看，醚材料生产企业遍布全国各地，但双醚生产企业主要分布在华东地区，数量和资产占全国90%以上，特别是安徽、江苏两地，聚集了行业内主要的双醚生产企业。

立兴化工有限公司是国内最大的双醚生产厂家，行业地位优势明显，近三年来稳居前列，国内外市场占有率在60%以上。公司拥有十多个双醚系列产品，其中部分产品如乙二醇二甲醚、二乙二醇二甲醚、二乙二醇二乙醚、二乙二醇甲乙醚、二乙二醇甲丁醚等水分含量在100ppm以下，含量都在99.97%以上，符合电子行业要求。公司技术中心自主研发的二丙二醇甲丙醚、1,3-丙二醇单甲醚、间氯苯甲醚等系列产品，各项技术指标均达到行业领先水平。立兴化工有限公司负责起草制定了《工业用乙二醇二甲醚》、参加起草了《工业用丙二醇乙醚》化工行业标准，其中工业用乙二醇二甲醚的化工行业标准（HG/T4874—2016）已于2016年1月15日发布、2016年7月1日实施，工业用丙二醇乙醚的化工行业标准（HG/T4981—2016）已于2016年4月5日发布、2016年9月1日实施。

三、建议组建省工程中心

依托安徽立兴化工有限公司成立的安徽省醚材料工程技术研究中心主要研究方向为醚系列产品，它是一种性能优良的溶剂或反应介质，被广泛应用于涂料、有机合成、医药工业、电子行业、油墨行业等行业，主要用作涂料、印刷油墨、图章用印台油墨、油类、润滑油、添加剂、脱漆剂、树脂等的溶剂，也可用作金属洗涤剂、无污染清洗剂、药物萃取剂、医药助剂、稀释剂，还可以用作乳胶漆稳定剂、飞机涂料蒸发抑制剂、高温烘烤瓷漆表面加工改进剂等，市场需求量大。但由于受技术水平、环境因素制约，国内醚系列产品产量难以满足消费需求，导致进口量逐年增加。并且，随着国家生态环境建设的不断推进，国内许多规模小、装置落后、技术水平低的企业将面临淘汰，所以，国内醚材料市场需求强劲、缺口较大。根据醚类产品的市场需求，有必要进一步发展醚系列产品，因而，组建醚材料工程技术研究中心对于提高醚材料的技术水平和产能，提高醚系列产品的成熟性、配套性，带动相关行业或领域技术进步十分必要。

依托安徽立兴化工有限公司成立的安徽省醚材料工程技术研究中心建设项目符合国家产业政策，公司安全、环保设施齐全，秉承“勤奋立业　科技兴企　绿色经营　持续发展”的经营理念，始终把安全生产、环境保护作为提高竞争力和履行社会责任的一项长期的、战略性的工作，不断引进安全自动化控制和环保处理先进设施，公司安全自动化控制水平和环境保护能力显著提升，获得了危险化学品从业单位安全标准化认证，通过了清洁生产审核验收，并获得ISO 14001环境体系和OHSAS 18001职业健康安全管理体系认证证书，为企业持续稳定健康发展奠定了坚实的基础。

公司具有技术、人才、规模、产业链、品牌等方面的优势，公司省级企业技术中心是公司技术改造、创新、开发的核心，主要任务是为公司的技术进步服务，为公司的可持续发展提供有强劲生命力的后备产品，技术中心的技术开发条件在省内同行业中处于领先水平，醚系列产品通过了ISO 9001

质量体系认证。公司具有较强的工程技术研究、开发、设计能力及成果转化成功经验，而且随着技术的不断进步和环保意识的提高，由传统溶剂型产品向各种领域更高固含量和水性产品方向的发展，醚材料作为一种高性能溶剂的未来前景光明，十分可行。

四、预期经济效益及对行业进步的推动作用

公司已形成醚材料的系列化，全面达产后，醚系列将形成年产 5200 吨的生产能力，实现新增销售收入 1.5 亿元，其中出口创汇 900 万美元，实现新增利税 3000 万元，对增加地方财政收入、推动地区经济发展将做出更大贡献。

立兴化工在醚材料方面具有较强的工程技术研究、开发及成果转化成功经验。依托该公司组建的安徽省醚材料工程技术研究中心旨在加强醚材料系列化研发平台建设，开发醚材料产业发展中的共性关键技术，提高自主创新能力和市场竞争力。中心建成后将大力研究开发醚材料的先进生产工艺和系列环保产品，淘汰落后工艺和产品，节能降耗。立兴化工在醚材料方面技术水平的提高，促进了国内同行业技术发展水平，淘汰了大批技术工艺落后、生产效益低、三废治理不达标的同行小企业，取得了较好的社会效益，为地方经济发展和环境改善做出了积极贡献，使环境效益、经济效益和社会效益得到统一。

总而言之，安徽立兴化工有限公司是龙头企业，其科技创新能力的增强及装备的提升，对于增强安徽省醚材料制造业能力、扩大醚系列产品出口、解决劳动力就业，推动安徽省醚材料科技进步和产业升级，提高安徽省醚材料工业综合素质的经济增长质量，扩大国内外醚系列产品市场占有份额，实现安徽省醚材料工业新的飞跃，促进安徽经济的发展具有重要作用。

第五章　生产运作管理

生产运作是指企业投入各个生产要素，通过一系列的转化，最终产出有形产品和无形服务的过程。生产运作是企业创造价值的主要环节，企业和企业之间的竞争最终体现在产品和服务上，生产运作是形成企业核心竞争能力的一个重要方面，生产运作的改善直接影响着企业的绩效。

生产运作管理是指为实现企业经营目标，提高企业经济效益，有效地利用生产资源，对企业生产运作过程进行计划、组织和控制，生产满足社会需要的产品的管理活动的总称。生产运作管理的目标是高效、灵活、准时、清洁地为客户生产合格的产品或为客户提供优质的服务。

安徽立兴化工有限公司作为一家精细化学品的专业生产企业，在20余年的发展过程中，经过厂区扩建、生产工艺的不断改造、产品产量和质量的不断提升，在生产运作管理方面已经形成完整高效、精细控制的生产管理体系与运作模式，主要包括生产计划管理、采购管理、制造管理、质量管理、设备管理、仓库管理六个方面。

第一节　生产计划管理

生产计划管理是指企业对生产活动的计划、组织和控制工作。企业的生产计划是企业生产管理的依据，它对企业的生产任务作出统筹安排，规定着企业在计划期内产品生产的品种、质量、数量和进度等指标，是企业在计划期内完成生产目标的行动纲领，是企业编制其他计划的重要依据，是提高企业经济效益的重要环节。

安徽立兴化工有限公司着眼于各业务的实际情况，由生产部门制订相应的生产计划，其指标主要包括产品品种、产品质量、产品产量、产品产值、产品出厂期五个方面。公司生产计划的展开包括编制计划、实施生产计划、检查计划完成情况、拟定改进措施四个方面。在实施中，对过程进行控制和及时调整，以保证沟通顺畅，在差异性和一致性之间达到平衡，保证计划具有较强的可操作性。

第二节　采购管理

采购管理是计划下达、采购单生成、采购单执行、到货接收、检验入库、采购发票的收集到采购结算的采购活动的全过程，对采购过程中物流运动的各个环节状态进行严密的跟踪、监督，实现对企业采购活动执行过程的科学管理。立兴化工采购管理的目标是以尽可能低的成本来保障企业的物资供应，从而保证生产运作系统的正常运行。

一、采购部及其职责

公司下设采购部，主要负责公司生产物资（即企业进行生产时所需要使用的资源或工具）的采购。目前公司采购部共有 5 人，采购部的工作职责如下：

（1）坚决服从分管领导统一指挥，严格执行公司规章制度，认真履行其工作职责。

（2）负责公司原材料、辅助材料和五金配件的采购。

（3）负责采购原料的价格查询。及时掌握公司所需原、辅材料的市场价格行情，真正做到货比三家。

（4）负责对大宗原料的供应商进行评估。及时掌握对方的信息，以确保公司正常生产经营。

（5）严把质量关，保证购进原、辅材料的技术指标符合标准要求。

(6) 负责编制原、辅材料及备品配件的供应计划。认真组织原、辅材料、小五金配件等零星材料的采购，做好原、辅材料、小五金配件等备品配件的进、出、存库统计核算工作。

(7) 按时完成公司领导交办的其他工作。

作为执行具体采购事务的责任人，采购经办人有如下职责：

(1) 建立供应商资料与价格记录；

(2) 做好采内参市场行情的经常性调查；

(3) 询价、比价、议价及定购作业；

(4) 所购物品的品质、数量异常的处理及交期进度的控制；

(5) 做好平时的采购记录及对账工作。

采购人员应本着质优价廉的基本原则，经过多方询价、议价、比价后填写定“采购单”。采购经办人应尽职尽责，不能接受供应商任何形式的馈赠、回扣或贿赂，若因严重失职或违反原则做出不适当行为者，给予辞退，情节严重者提交公安机关处理。

二、采购原则、采购方式与质量保证

（一）采购原则

采购是一项重要、严肃的工作，公司要求各级管理人员和采购经办人必须高度重视。

(1) 采购必须坚持“秉公办事、维护公司利益”的原则，并综合考虑“质量、价格”的竞争，择优选取；

(2) 一般日常办公用品及其他消耗用品由后勤人员负责采购；

(3) 物料采购应尽量采用月结方式为付款条件与供应商洽谈。

（二）采购方式

公司的采购方式主要有集中计划采购和长期报价采购两种。凡属日常办公用品必须集中计划购买，凡生产用物料须选定供应商议定长期供货价格，公司于每年第一个月重新审定上年度供应商，与供应商洽谈需两人以上进行，并对供应商评审，且做出相关评审记录备案。

（三）质量保证

(1) 采购必须充分了解原、辅材料及仪器设备市场，以物美价廉为前提，挑选出优异供应商。

（2）供应商的选择与考核，一般从经营情况、供应能力、品质能力等方面评定，并定期从质量、运货、价格、逾期率、是否配合等方面综合打分。

（3）供应商调查。每年必须评选出 5 家信誉度较高的供应商，参加公司供应商调查活动。供方实地调查企业不少于 3 家，必须书面告知相关供应商，调研过程、产品检验方法及其他相关资料。参加供应商调查者应包括：采购、质检、生产相关物料接触人员。调研过程必须认真记录调查情况，并汇总备案。

（4）采购物料及仪器设备时，必须充分考核物料及设备的合规性，不购买无用品、残品、废品、规格不符品。交货验收时，采购员必须确保货物品种、数量、质量、交货期的正确无误。

（5）建立不符合规格物料、设备退货、赔偿机制。申请部门规格提供错误导致物料或设备不符时，由申请部门赔偿损失。采购部门未能按需采购导致物料设备不符时，由采购部门承担损失。所有不符合物料及设备的最终流向及处理过程必须登记于册。由于物料及设备不符而导致生产及其他工作停滞时，给予相关责任部门惩处。

（6）采购人员必须督促供应商，在每批物料或者仪器设备发出时必须附上物料相关质量合格证、质量检验报告单、使用说明书等。

三、采购流程

立兴化工的采购流程如图 5-1 所示。

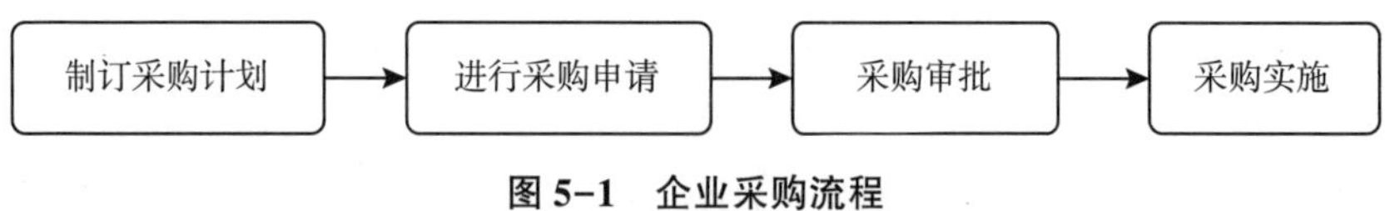

图 5-1　企业采购流程

（一）制订采购计划

原、辅材料：根据生产计划报出所需原、辅材料需求量、规格、需求时限，原、辅材料库存量，采购产品成本、运输效率等制订切实可行的采购计划。

仪器设备：根据申请部门报出的仪器设备品名、规格、时限等要求，制订采购计划。

每次采购后必须将本批产品需求量、需求时间、仓库库存量、采购地及运输时间等相关信息登记于产品采购分析册内。及时汇总、分析整理历年物料采购数量、价格、供货时效、供货质量等信息，为制订采购计划提供依据。

（二）进行采购申请

生产部门根据生产需要及仓库库存情况，报出原、辅材料采购申请单，并经分管副总审批签字后，采购人员方可制订采购计划。采购计划制订完毕后，采购经办人依照所购物件的品名、规格、数量，需求日期及注意事项填写“采购审批单”。

紧急采购时，由采购部门在“采购审批单”上注明“紧急采购”字样，以便及时处理。若撤销采购，应立即通知后勤人员或采购部人员，以免造成不必要的损失。

（三）采购审批

采购经办人在“采购审批单”内需填写所购物品的估算价格、数量和总金额，预计到货时间。各采购经办人在采购之前必须将“采购审批单”报分管副总审核，报总经理审批后，方能进行采购。采购单必须写上公司统一规定物料采购单号报总经理审批后复印一份交与财务。

（四）采购实施

“采购审批单”经批准签字且到财务部备案后，通知财务办进汇款手续。采购人员按核准的“采购审批单”向供应商下单并以电话或传真确定交货日期或到市场采购。

所有原、辅材料入厂时，采购人员必须通知仓管人员接货，并将采购申请单复印件转交与仓管接货人员，确保物料检验完成后第一时间通知申请部门或个人。所有采购物品必须由仓库或使用部门验收合格签字后，才能办理入仓手续。

四、企业的供应商管理

作为化学品制造企业，为实现销售收入、利润和整体业务成功的目标，公司的供应商管理尤其重要。供应商管理旨在通过帮助供方和合作伙伴改进绩效，减少供方总数量，增加长期合作伙伴，进而改进公司的绩效。公司每年依据《与顾客、相关方有关过程控制程序》的要求，对供应商重新评价，并对供方资源重新整合，改进绩效。公司制定筛选与评定供应商级别的指标体系有：

（1）质量水平：产品的合格率，质量保证体系，样品质量，对质量问题的处理；

（2）交货能力：交货的及时性，扩大供货的弹性，出样的及时性，增、减订货的反应能力；

（3）价格水平：优惠程度，消化涨价的能力，成本下降空间；

（4）技术能力：工艺技术的先进性，后续研发能力，产品设计能力，技术问题的反应能力；

（5）后勤服务：订货有保证，配套售后服务能力；

（6）人力资源：经营团队，员工素质；

（7）现有合作状况：合同履约率，年均价供货额和所占比例，合作年限，合作融洽关系。

供应商是公司利润的源泉，与供应商保持良好的合作关系、实现“双赢”是公司价值创造过程中的重要环节。最重要的供应链要求应该是质量保证、及时快速。目前，公司在具体筛选和评级供应商时，主要看重其质量稳定性以及供应能力指标，其次考虑的是价格因素。并且，由于公司已经形成了相对稳定的几种产品系列，所以原材料供应商相对稳定。公司与主要供应商建立了良好的伙伴关系和沟通机制，每年定期召开主要供应商联谊会，汇报一年来各供应商的经营业绩，肯定成绩，分析评价存在的不足，并征求各供应商对公司的合理化建议。

第三节　制造管理

制造管理就是对制造过程进行计划、组织、指挥、协调、控制和考核等

一系列管理活动的总称。

一、生产部及其职责

生产部又称制造部，是以产品生产为主要工作的部门。立兴化工生产部的工作职责如下：

（1）坚决服从分管副总经理的指挥，严格执行公司规章制度，认真履行其工作职责。

（2）组织生产制度拟订、检查、监督、控制及执行。

（3）密切配合营销部门，确保产品的及时交付。

（4）负责组织生产现场管理工作，重视环境保护工作，严格执行环保法规制度，以及公司有关环保的规定，杜绝重大环保事故的发生。

（5）负责抓好生产安全教育，加强安全生产的控制、实施，严格执行安全法规、生产操作规程，抓好劳动防护管理，即时监督检查，确保安全生产，杜绝重大火灾、设备、人身伤亡事故的发生。

（6）负责做好生产调度管理工作，合理安排生产作业时间，平衡用电、节约能源。

（7）负责产品更新改造时的工艺计划，合理设计车间的产品布局和工序间的协调，并组织试生产，不断提高产品的市场竞争力。

（8）负责生产部门员工的岗位培训、安全知识培训并进行定期考核。

（9）定期对生产情况进行分析，总结经验、找出存在的问题，提出改进工作的意见和建议，为公司领导决策提供有力的依据。

（10）依据公司的总体计划，负责拟定本部门目标、工作计划，组织实施检查监督及控制。

（11）按时完成公司领导交办的其他工作任务。

二、车间主任工作职责

车间主任是负责按公司生产计划组织、安排生产工作，确保完成本车间生产任务的部门领导。公司车间主任的工作职责如下：

（1）坚决服从生产部的指挥，严格执行公司规章制度，认真履行其工作职责。

（2）组织生产制度的检查、监督及执行。

（3）密切配合营销部门，确保产品的及时交付。

（4）加强生产现场管理工作，重视环境保护工作，严格执行环保法律法规以及公司有关环保制度的规定，杜绝重大环保事故的发生。

（5）加强安全生产的控制、实施，严格执行安全法规，生产操作规程，抓好劳动防护管理，即时监督检查，确保安全生产，杜绝重大火灾、设备、人事伤亡事故的发生。

（6）合理安排生产作业时间，节约能源、降低消耗。

（7）协助有关部门合理设计车间的产品布局和做好工序间的协调。

（8）定期对生产情况进行分析，总结经验，找出存在的问题，提出改进工作的意见和建议，为公司领导决定提供有力的依据。

（9）按时完成公司领导交办的其他工作任务。

第四节　质量管理

企业要在激烈的市场竞争中生存和发展，仅靠方向性的战略性选择是不够的，任何企业间的竞争都离不开“产品质量”的竞争，没有过硬的产品质量，企业终将在市场经济的浪潮中消失。质量管理是企业生产运作管理最为重要的一个环节，如何有效地进行质量管理是确保和提升产品质量，促使企业发展、赢得市场、获得利润的核心。

安徽立兴化工有限公司注重产品质量，建立了包括原材料检验、中控、成品检验、售后服务的全过程质量管理流程。

一、质检部及其职责

公司质检部是由总经理领导的独立、健全、二级建制的专职质检机构，设有化学分析室、仪器分析室、高温室、天平室、样品室、办公室、更衣室、中控化验室等，公司现有全行业一流的质检大楼，建筑面积300多平方米。为提高检测水平，保证出厂产品的质量，质检机构先后引进了电子天平、微量水分仪、安捷伦气相色谱仪、高效液相色谱仪等精密仪器并严格按照一体化管理体系运行。

质检部的使命是依据质量管理体系，通过准确及时地提供对原材料、半成品、成品的检测，实现进厂的原材料合格、出厂的成品合格，为生产提供有效的数据。目前，公司质检部共有15名员工。质检部的工作职责如下：

（1）负责本公司产品质量管理工作，按ISO 9001标准要求建立质量管理体系，参加公司内部质量审核，协调和落实纠正和预防措施，跟踪验证，负责供货方审核验证工作，确保产品质量符合规定要求。

（2）制订产品质量检验规程。

（3）负责公司的原、辅材料进货、生产过程以及成品检验三个环节的检验工作，建立原、辅材料、生产过程和成品检验记录及质量统计报表，每月进行质量总结分析，提出改进意见。

（4）及时收集产品和器械在使用过程中质量异常反应信息，对影响产品质量的设计、制造、审核结果、质量记录、服务报告和顾客投诉进行分析，以查明并消除不合格的潜在原因并提出解决办法。

（5）负责检验仪器的配置、使用、校正和维护保养，保证检验工作的正常进行。

（6）定期召开质量分析会，以团队精神共谋产品质量的改善，组织公司内各部门和生产骨干开展质量管理活动，提高全员质量管理意识，推动质量管理工作迈上新的台阶。

（7）完成公司安排的其他临时性工作。

二、公司质量管理体系建设情况

安徽立兴化工有限公司一直以来高度重视质量管理体系建设，设置了质量管理机构，质量管理制度健全，质量职责、权限清晰。公司通过质量管理体系的有效运行，不断提升产品质量。

公司确定一名副总（获首席质量管理证书）统一负责质量和品牌工作。公司制订了质量工作和名牌培育计划，并有效实施。在每年制订的员工培训计划中，公司始终把提高产品质量作为重要的内容进行全员培训，并通过公司简报大力宣传产品质量的重要性。

公司质检部是质量管理的职能部门，专门负责全公司产品及原、辅材料的质量检测。质检部配备了专业的技术人员，现有分析、检测人员 15 人，对产品所需的原、辅材料从采购、入库到领用进行全方位的跟踪检测，杜绝不合格品入库，从源头上保证了公司产品质量。同时，在产品的生产过程中，对一些重要工段进行重点监测，适时取样分析检测，保证生产过程中产品的一次性合格率。最后，在成品入库前对其进行最后检测，并对抽取的样品进行标识、封存，以便日后对该批号产品的追溯，一旦发生质量问题能够查找到问题的根源，并及时予以解决。

公司最早于 2002 年通过了 ISO 9001 质量体系认证，产品质量管理严格按照 GB/T 19001—2008/ISO 19001：2008 标准要求进行，产品质量稳定、优良，达到相关标准要求，得到客户的一致好评。特别是公司双醚产品，如乙二醇二甲醚、二乙二醇二甲醚等，产品中水分含量在 100ppm 以下，产品含量在 99.97%以上，达到了电子行业的要求。公司自主研发的 3,4′-氯二苯醚、二丙二醇甲丙醚、1，3-丙二醇单甲醚等系列产品，各项技术指标均达到行业领先水平，公司产品质量在国内外行业具有明显优势。

自 2006 年获得 CQC 管理体系认证证书并建立管理体系以来，在中国质量认证中心安徽评审中心专家们的监督审核和悉心指导下，公司的管理体系持续而有效地运行，2015 年 5 月通过了中国质量认证中心的再认证审核，并推荐再认证，准予公司继续使用质量管理体系认证证书、环境管理体系认证证书、职业健康安全管理体系认证证书。

公司严格按照一体化手册、程序文件和支持性文件的规定和要求，对专家组提出的不符合项实施纠正措施，不断持续改进，将一体化管理体系的要求和做法自觉运用到公司的日常生产经营，并取得了一定的成效：一是完善了文件的规范管理；二是为了确保一体化目标、指标管理方案实现；三是为确保相关活动符合法律、法规和相关方的要求，进一步完善了原材料、成品罐区及氯甲烷储罐区建设，同时，增设了环保处理设施，确保各类污染物达标排放，从而保证相关活动符合法律、法规和相关方要求；四是加强了员工培训，特别是安全知识培训、特种设备管理、质量管理、操作人员及安全管理人员培训常态化，提高了员工防范各种风险的能力；五是完善了自我约束机制，不断寻找持续改进因素，符合法律、法规和相关方的要求，在相关方

沟通中获得一体化信息和建议，及时采纳了相关方建议。公司在一体化管理体系运行和保持方面，基本符合 ISO 9001、ISO 14001、GB/T 28001 标准要求，能保证一体化体系的适宜性、充分性和有效性。

公司在质量管理的软件建设方面，无论是人员配置，还是制度建设、分析检验的程序管理等方面都已十分健全。公司还十分注重硬件设施建设，不断改善办公环境，更新和引进先进的检测设备，确保分析检测数据的准确无误。2012 年公司新建的研发中心正式投入使用时，专门设立了 500 平方米的分析检测中心，添置了检测设备。现有气相色谱 5 台、液相色谱 1 台、电子天平 1 台、旋式黏度计 1 台、微量水分仪 1 台、离子浓度计 2 台、MA-1A 自动快速卡尔费休水分测定仪 3 台，保证了检测分析的需要。由于公司许多产品出口欧美等国家的大公司，通过这些公司对公司产品的检测和长期的使用结果，公司的检测方法和检测水平都得到了国外公司的认可，公司一直成为他们长期、稳定的供应商。为减少质量损失，企业不断在工艺设计、工艺技术等软件方面和材料、设备等硬件方面进行协调配套创新，通过内部质量攻关、工艺控制优化产品等措施使质量处于受控状态，质量损失总体呈下降趋势，降低质量损失率总体控制在万分之五以内。

三、公司“质量提升”特色活动

公司以科学发展观为指导，坚持并不断完善“质量是企业生命”的理念，推动建设大质量工作机制，加大改革创新力度，着力解决日常工作中存在的薄弱环节与突出问题，全面提升质量监督工作水平，夯实质量基础，确保安全底线，为企业的大发展奠定坚实的基础，积极开展了“质量提升”活动。公司旨在通过“质量提升”活动，努力提升服务发展和科学监管的水平，防范重大质量安全事故发生，努力提升企业的检测水平，提高质检监督职能的综合能力，进一步促进企业落实质量安全主体责任，努力把公司的产品质量提高到新水平。

为加强领导、精心部署，公司成立了“质量提升”活动领导小组，下设办公室。各部门、车间从实际出发制定“质量提升”活动方案，落实工作责任，确保工作实效，并在公司的统一领导下，与有关部门密切配合，形成“质量提升”活动的工作合力。各部门围绕“质量提升”活动的目标任务，组织开展一批影响广泛、带动性强的重要活动，全面推进质量管理各项工作，深入查找本部门工作的薄弱环节和制约履行职能的突出问题，分析原因，提出改进措施，集中力量加以解决，“质量提升”的各项活动都要明确提升目标、工作内容、完成时限、保障措施，切实做到任务清楚、责任落实、效果显著。公司还精心策划了宣传主题，积极组织多层次、立体化、系列化的宣传活动，使每一位员工都知道“质量提升”活动，同时明白自身的任务和目标，从而营造全公司共同关注质量的浓厚氛围。在“质量提升”活动中，各部门制定和落实工作责任制，加强对工作的指导、检查和监督，及时分析研究活动开展的情况，确保活动取得实效。

立兴化工“质量提升”特色活动主要有以下几个方面的内容：

（一）提升服务发展的水平

深入开展质量兴企活动。大力推进质量兴企活动，加强工作指导，丰富活动内容，建立和完善绩效考核办法，进一步加强与公司相关部门的沟通、合作，形成部门联动、齐抓共管的工作机制。实施“质量对比提升工程”，制定提升质量、打造品牌、增强竞争力的具体措施。

积极实施名牌发展战略。根据安徽省名牌申报的有关条件，积极会同有关部门，将拥有企业自主品牌的产品进行创建具有较强国际、国内竞争力的名牌产品。在扎实组织企业参加安徽名牌评价的基础上，从市场占有率、消费者满意度、企业诚信度、产品质量水平等方面入手，探索建立客户满意和市场认可的质检监督机制。

加快质量诚信体系建设。大力推进企业质量诚信体系建设，加快整合质量信用信息资源，对企业产品实施以质量信用、产品质量风险分级为基础的分类管理，建立一套可行的质量管理体系。

（二）提升科学监管的水平

建立健全质量状况分析制度。组织开展企业产品质量管理状况调查，分析提出有针对性的措施，加强引导。定期发布质量状况分析报告。建立科学的质量评价指标体系，全面落实对质量安全负总责的要求。

建立健全产品质量全过程监管体系。严格实施原、辅材料准入制度，加强检测监管。完善检测制度，建立监督抽查样品保存制度，做到产品生产前的原料检测、生产过程当中的监测和产品出厂前的检测，做到绝不放过一个

不合格产品的出厂，维护公司的利益。

创新质量安全监管体制机制。按照大质量的观念，对企业生产产品全过程进行监督，并加大产品质量的宣传力度，使公司的每一位员工都将质量意识摆在首位。同时建立自己的质量监管体系，使企业从管理层到每一位员工都有质量指标，提高监管工作的有效性。

（三）提升基础保障的水平

加强认证认可体系建设。利用公司已经通过的 ISO 9001 质量体系认证，进行系统化的学习，以便更好地完成体系所要求的目的。

加强检测的基础建设。利用新建的研发楼投入使用的有利条件，建设一个具有现代化标准的质量分析检测中心，同时配备必要的仪器。使公司的检测条件得到一个很大的提升，从而保证检测的水平。

增强检验检测技术保障能力。在硬件设施逐步完善的同时，积极进行人才队伍的建设，从高校引进人才，并将优秀员工送到高校进行必要的业务学习，从而提高人才队伍的技术水平，达到提高质检部检验检测水平的目的。

第五节　设备管理

企业设备管理的基本任务是：通过经济、技术、组织措施，逐步做到对企业主要生产设备的设计、制造、购置、安装、使用、维修、改造，直至报废、更新全过程进行管理，以获得设备寿命周期费用最经济、设备综合产能最高的理想目标。

一、设备部及其职责

公司下设设备部，其工作职责如下：

（1）坚决服从总经理的统一指挥，严格执行公司规章制度，认真履行其工作职责。

（2）负责制订设备管理制度、安全生产管理制度、环保管理制度。

（3）负责制订设备、计量器具五金配件的技术要求及检验规程。

（4）建立设备档案和计量器具（工具）台账，根据生产需要制订设备、计量器具、工具的年度及月度采申购计划，并负责实施，以保证满足生产需要。

（5）制订设备大修计划以及技改项目的设备改造计划并组织实施。

（6）负责安全教育、安全培训，组织安全生产检查，督促安全隐患整改。

（7）检查指导维修班日常工作，督促点检制度、安全生产检查例行制度的落实。

（8）负责公司所有活动对安全、环境、健康的影响，并制定相关的措施、计划，督促有关部门执行，确保“三废”的治理和达标排放。

（9）负责设备、计量器具、五金备件的入库验收检验和周期检验。

（10）负责做好生产设备的维护检修工作，及时处理解决生产当中出现的设备等故障问题，确保生产工作的正常运行。

（11）负责公司其他有关环境、安全的工作。

（12）按时完成领导交办的工作。

二、机修车间工作职责

（1）坚持面向车间、面向生产，及时、科学、合理、安全地解决生产设备问题。

（2）保证正常供水、供电、供气。

（3）合理安排设备循环检查，并有记录可查，杜绝设备带病运转。

（4）及时记录设备维修档案。

（5）合理用料，坚持做好修旧利废工作。

（6）生产急需，随叫随到，不耽误有效生产时间。

（7）及时完成上级交给的临时性突击任务。

（8）必须完成设备指标：①全公司设备、管、线处在完好状态，完好率≥98%；②确保泄漏率≤3/1000；③传动设备（有备机）影响生产台时为零。

（9）加强车间内部人员管理，严格控制下属人员违纪现象。

（10）确保下属人员安全生产，安全检修，无事故发生。

（11）加强车间内部管理，做到环保生产、环保检修，及时清除检修现场废弃物。

（12）督促下属人员执行安全规章规定。

三、公司设备管理的主要内容

（一）设备的选择

公司根据技术先进、经济合理的原则和生产的需要，正确地选择设备。同时须进行技术经济论证和评价，以选择最佳方案。

（二）设备的使用管理

针对设备的特点，正确合理地使用设备、安排生产任务。这样，企业可以减轻设备的亏损、延长其使用寿命，防止设备和人身事故的发生，减少和避免设备闲置。

（三）设备的检查、保养和修理

这是设备管理方面的中心环节，也是工作量最大的部分。公司合理制订设备的检查、维护保养和修理等方面的计划，并采用先进的检修技术进行定期检修与保养。

（四）设备的改造与更新

公司根据生产经营的规模、产品的品种与质量，以及发展新产品、改造老产品的需要，有计划、有重点地对现有设备进行改造与更新。

（五）设备的日常管理

主要包括设备的分类、登记、编号、封存、报废、事故处理和技术资料管理等。

设备的封存和迁移。企业对闲置不用或停用三个月以上的设备，由车间提出计划，经生产部门和设备管理部门审核，报企业领导批准后进行封存。封存的设备采取防尘、防潮、防锈等措施，并定期维护和检查。当企业生产工艺改变需要迁移设备时，由生产工艺部门提出方案，经设备管理部门审查，企业领导批准后，办理迁移手续后方可迁移。

设备的调拨和报废。对本企业已不适用，长期闲置不用或利用率极低的设备应予调出。企业调出的设备，需报有关部门批准，并做好账务处理后方可调出。调出的形式有出租和有偿转让两种。由于超过使用年限而结构陈旧、精度低劣、生产效率低、能源消耗高，或由于事故造成损坏而在经济上、技术上都不值得修复改装的设备，都可报废。企业要报废的设备，通常由使用部门提出申请，设备管理部门组织有关部门进行技术鉴定，并报请上级主管部门批准后方可报废。

设备的事故处理。由于非正常损坏而导致设备效能降低或不能使用即为设备事故。企业采取积极有效措施，预防各种事故的发生。当设备发生事故后，积极组织抢修，分析原因并进行严肃处理，从中吸取经验教训并采取有效措施，防止类似事故的发生。凡是人为原因所引起的设备事故，视情节轻重给予处分。对重大设备事故及处理情况要及时向上级主管部门报告。

设备技术资料的管理。建立设备档案、积累设备技术资料及加强设备资料的管理是做好设备管理的重要环节。设备档案一般包括设备出厂检验单、设备进厂验收单、设备安装工程记录单、设备修理卡片、定期检查记录、设备的全套图纸、说明及检修工艺文件等。设备档案是保证设备正确使用、对设备进行检查和维护修理的重要依据。通过对设备技术资料的分析，可以掌握设备的技术状况和零部件磨损的程度，从而制订出切合实际的检查修理计划，预防设备事故的发生。

第六节　仓库管理

仓库管理指对仓储货物的收发、结存等活动的有效控制，其目的是为企业保证仓储货物的完好无损，确保生产经营活动的正常进行，并在此基础上对各类货物的活动状况进行分类记录，以明确的图表方式表达仓储货物在数量、品质方面的状况，以及目前所在的地理位置、部门、订单归属和仓储分散程度等情况的综合管理形式。

为保障公司正常生产经营的连续性和秩序性，使仓库作业合理化，提高出入库工作效率，减少库存资金不合理占用，公司制定了《仓库管理制度》，制度适用于公司生产、经营所需各种原辅材料、成品、包装物、备品备件、工具等物料的库存管理。

一、仓库管理的原则和体制

公司实行仓库统一管理体制，设仓库管理办公室，由主任、成品库、材料库、五金库、氯甲烷灌区、成品罐区、材料罐区、煤库等岗位组成，实行主任负责制，在主任领导下实行一人多岗、岗位负责，同时交叉协同的工作方式。

仓库管理应保证满足公司生产经营所需的物资需要，不缺货断档，并使库存物资、采购成本额资金费用最小化。

二、存货计划与控制

仓库以适质、适量、适时、适地的原则，供应所需物资，避免资金呆滞和供货不足。仓库会同有关部门，根据销售计划、生产计划等制定最优库存标准。仓库对订有标准的物资品种进行控制，实际库存量降到订购点时，及时提出补充采购计划申请。

三、入库

公司收到的所有物料（新购入、退货、领后收回），仓管人员必须及时通知质检部门对其特性进行检验。在物料入库前应核对物料到货交接单，检验物料与订购单、提货单、验收单、发票所列的品名、型号或规格是否相符（在进行数量检测时，应保证与供货方采用相同的计量方法），并将物料的品名、规格、型号、图号（零件号）、主机、技术资料、质量状况、生产日期、质量保质期等登记于验收记录中，如发现品名、型号、规格不符、不齐全或包装破损的，应通知采购主办人员处理，并及时记录归档。对于大型设备、精密仪器仪表、贵重物资等的验收应当由采办人员会同相关技术人员参与验收。

所有公司产品遵循第一时间入库原则，经由质检部确认合格后开具入库单，仓管人员接到入库单应及时入库，并详细记录入库时间、品名、数量及计量方式等，记录必须留存归档。

仓管人员在接到入库通知后，应依据仓库的空间规划、物料的使用频次及规格，测算货位堆放面积并合理规划摆放区域，准备装卸设备及作业人员，根据实际情况准确填写入库单。有计划地根据物料品种、规格、型号等不同特性分门别类地安排物料堆放，物料摆放应做到操作与盘点方便、货号明显、成行成列、整齐清洁。

对于来不及检验的物料，仓库可办理临时代管手续，存放在待检区，等待检验合格后，收回临时代管手续，办理正式入库手续。

仓管员于物料入库时发现问题，应立即报告给主管经理处理。仓库管理员对所有入库物料应及时（当天）入账，对未办正式入库手续的物品要另行登记，并以标识区分。对于随车单据不全或有货无据的情况，仓管人员应及时通知相关采办人员补齐资料票据，补齐前应暂时列入待验收区域，票据齐全后方可办理入库手续。

搬运入库时，仓管人员必须现场监督，防止物料破损遗漏，并安排物料堆放的顺序与方位，严格防止物料互窜和数量溢缺等情况，实时把控清点物料入库数量。搬运后，为确保物料的准确无误堆放，仓管人员应重新核对物料堆放货位、数量、品名等，保障物料按计划、按规定整齐有序堆放，并填写入库号码，记录入库数据。

四、出库

持有经各级主管签批的领用单、领料单、出库单并经过确认后，方可领料出库。仓库管理员对所有物料出库要坚持先入账、再发货。禁止非仓管人员代发货或先发货、后补单。严格遵循凭证出库原则。

物料出库应实行“先进先出，推陈储新”原则，密切注意物料存放有效期、储存状况、物品特性等的变化，避免物料的损失或积压。

仓管部门根据领用要求，于规定的时间内发货或调拨。如缺货或不足，则应回复预定或供货日期。

供领双方在确认出库物料的品种、规格、数量和质量后，均应在一式多联领料单据上签字，各联分送于仓管、领用、财务等有关部门。

领料人必须在物料出库现场检验物料是否符合要求并在仓库记账联上签字，如发现问题，要及时现场处理，若因物料不符而造成损失则由领料人承担相应责任。

对非常设仓管员的仓库可规定特定时间领用物品。对紧急事项（如突

发事件）可开具非正式凭证即时领用，事后必须补齐相关手续及凭证，否则视为仓管员失职。

物料发放领用出库记录应当区别于产成品的发货出库。使用部门根据实际需要填写详细领料单到仓库领料，领料单需包含品名、规格、数量、型号、特性等详细资料，仓库接到领料单应详细审核，应根据以往物料领用频次及数量合理判断当前生产需求量及物料领用计划的合理性。对于有疑问的领料单必须上报仓库主管，经核实后，方可发放物料。领用物料必须做台账，并对数据做整理留存。

对于产成品的发货出库，仓管人员应提前对出库产成品进行准备，确认其订单号、数量、品名、种类、金额、要求出库时间或到货时间，以确保出库品正常无误。检查后应预先准备出库单，根据需求和产品性质等情况，沟通运输部门，确认好各种产成品的包装、标签等方可出库。

五、物料保管

仓管对各类物料的储存要项：按品种、规格、体积、重量等特征决定堆码方式及区位；仓库物品堆放整齐、平稳，分类清楚；储物空间分区及编号，标示醒目、朝外，便于盘存和领取；对危险物品隔离管制；地面负荷不得过大、超限；通道旁不得乱堆放物品；保持适当的温度、湿度、通风、照明等条件。

六、仓库建账及盘存

仓库建立库存物资台账、总账、明细账、库存卡系统，做到账实相符、账账相符，并及时做好日常账簿登记、整理、保管工作。

盘存分为以下三类：

（1）小盘点，每月底一次。主要查核是否账实相符及呆滞物料增减情况。

（2）中盘点，每半年一次。各仓库查核是否账实相符，并矫正成本。

（3）大盘点，每年一次。公司资产全面盘点。

每年年终，仓管部门会同财务、生产、供销等相关部门进行总盘点。对盘点情况，填写库存物资统计表，各方在清册上签名。对盘点出的过期、变质不能使用的物品及时处理。对盘盈、盘亏情况，报主管批准后调整账目，涉及仓管员责任短缺的，由其赔偿。对盘点结果进行差异分析并处理。仓储负责人盘点结束后，发现账实不符时，应追查差异原因并记录在案。查出原因后，应针对差异原因进行调整与处理，并详细记录归档。盘点结束后，相关人员应当汇总整理盘点表，并留存归档。

第六章　安全生产管理

化工生产具有易燃、易爆、有毒、腐蚀性强，高温、高压操作，生产工艺复杂等特点，稍有不慎很容易发生火灾、爆炸、环境污染事故。一些发达国家的统计资料表明，在工业企业发生的爆炸事故中，化工企业就占了1/3。可见对于化工企业来说，其安全生产管理尤为重要。

安徽立兴化工有限公司始终把安全生产作为关乎企业生命的一项长期的、战略性的工作，制定并严格执行《生产安全责任制》《风险控制管理程序》《安全生产应急预案》《防火、防爆、防毒管理制度》《立兴化工公司安全生产 31 条禁令》等公司安全生产制度，不断引进安全自动化控制，建设了安全自动化控制报警系统，为企业持续稳定健康发展奠定了坚实的基础。2003 年公司通过了 OHSAS 18001 职业健康安全管理体系认证，2014 年公司获得危险化学品从业单位安全标准化三级企业证书，2015 年公司清洁生产审核工作顺利通过市环保局验收，2016 年公司年产 5200 吨醚系列产品项目通过环保和安全验收。

第一节　公司安全生产管理概况

没有安全保证，就没有企业的生存。立兴化工坚持安全重于一切的方针，建立安全生产管理组织体系，全面落实安全责任制度，加强全体职工的安全宣传、教育和培训，制定企业安全生产管理规章制度，不断提升企业安全生产管理水平，切实抓好公司的安全生产工作。

一、坚持安全重于一切的方针

“安全重于一切”是我国安全生产方针“安全第一、预防为主、综合治理”在生产过程中的具体落实。对一个化工企业来说，安全生产是重中之重。不重视安全问题，企业的经济效益就无从谈起。

立兴化工立足企业的实际，明确提出并在实践当中认真贯彻安全重于一切的方针。这一方针既是公司职工在生产实践当中得出的基本经验，也是总结分析诸多事故发生的缘由后作出的理性思考。一些事故的发生正是因为企业在生产过程中没有真正地把安全摆在第一位，使这些企业付出了巨大的代价，得到了惨痛的教训。因此，立兴化工始终坚持安全重于一切的方针，在生产经营的一切工作当中首先考虑安全，把员工的生命安全放在第一位，把安全理念渗透到生产的各项工作当中，把安全措施贯彻到生产的全过程。

“安全重于一切”是以人为本的思想在生产过程当中的具体体现。安全是人的基本需求，以人为本，首先是要以人的生命健康为本，实现了安全生产，员工的生命安全和身体健康才有保障，家庭才能幸福安康，社会才能安定和谐。

企业是安全生产的责任主体，安全生产所有工作最终要落实到企业。立兴化工作为一个化工企业，始终把党和国家的安全生产方针落到实处，始终牢固树立员工安全高于一切、安全责任重于泰山的思想，强调安全在生产工作中的重要性。

二、建立安全管理组织体系

立兴化工严格按照国家相关规定和要求，建立安全管理机构组织，包括企业安全生产领导小组、工厂安全生产管理职能部门与管理人员以及车间班组专兼职安全员。立兴化工安全管理层次可归纳为决策层、管理层和操作层，形成了公司、车间、班组三级安全管理网络体系。

（一）企业安全生产领导小组

企业的主要负责人是企业安全生产的第一责任人，对安全生产负总责，为企业安全生产领导小组负责人。领导小组成员包括企业职能部门和各车间

的主要负责人、安全员和职工代表。

企业安全生产领导小组的主要职责为领导计划、协调企业安全生产工作，主要包括以下内容：建立健全企业安全生产责任制，组织制定和完善企业安全生产规章制度和操作规程，保证企业安全生产投入的有效实施，督促、检查企业的安全生产工作，及时消除生产安全事故隐患，组织制定并实施企业生产安全事故应急预案以及其他安全生产事项的决策。

企业安全生产领导小组每季度召开一次会议，总结安全生产相关工作，解决安全生产相关问题。

（二）工厂安全生产管理职能部门与安全管理人员

公司在安环部下设安全部，安全部由安全员及保安组成。

安全部及安全员的主要职责是：对企业安全生产的综合管理，组织贯彻落实国家有关安全生产法律法规和标准；定期组织安全检查，及时排查和治理事故隐患；监督检查安全生产责任制和安全生产规章制度的落实。

（三）车间班组专兼职安全员

车间班组专兼职安全员的职责是：严格执行安全生产规章制度，监督车间岗位作业人员遵守操作规程，杜绝违章，防止事故发生。

三、严格落实安全生产责任制

安全生产责任制是公司对各部门、各类管理人员以及每个职工所规定的各自职责范围内安全生产工作应负责任的制度。立兴化工为使安全生产工作时时处处都切实有人负责，根据各个部门、各类人员的不同职责范围，制订了安全生产责任制。该制度以“管生产、必须管安全”、“安全生产，人人有责”为原则，以国家有关安全生产法律、法规、规范、标准为依据，一级对一级负责，逐级签订安全生产责任状，确保各部门、各类管理人员安全生产责任制落实到位。

实行逐级考核制。总经理对副总经理进行考核，分管副总经理对部门经理进行考核，部门经理对本部门科员进行考核，生产部经理对车间主任进行考核，车间主任对班组长进行考核，班组长对本班组员工进行考核。公司副总经理、各部门每季考核一次，车间、班组每月考核一次，考核与安全检查同时进行。考核情况与个人的考核工资进行挂钩。

建立考核奖惩机制。年度内安全生产工作做得好的班组、员工都可以入围先进班组、先进个人评比。连续三年被评为先进个人的实行加工资奖励；对考核有缺陷的部门和个人，公司除对其进行批评教育外，将进行处罚（根据本人一季度、当月的工作实绩，在考核工资中扣除）并提出警告；再次考核不称职的管理干部、员工视情节轻重给予撤职、调换岗位、降级使用、降低全年奖金等处罚；由于责任过失造成伤亡事故或重大经济损失的，除追究个人责任和经济处罚外，触犯国家法律的，将依法承担法律责任。

四、加强安全宣传、教育和培训

要搞好安全生产，就必须解决好职工的安全意识问题。立兴化工高度重视对职工的安全宣传、教育和培训，通过安全教育提高全体职工搞好安全生产的责任感和自觉性，提高其安全技术知识水平，增强全员的安全意识、预防事故的实际能力，使全体员工自觉执行安全重于一切的方针，为企业安全生产创造良好的条件。

安全生产教育培训重点要把握培训的对象、内容、形式、效果四个环节，做到培训内容有针对性、培训对象有层次性和培训形式多样性。安全生产教育培训涉及公司全体员工，主要内容包括：安全生产思想和方针政策教育，新员工的三级安全教育，脱岗、转岗安全教育，复工安全教育，全员安全教育和日常性的安全教育。安全生产思想和方针政策教育包括安全生产技能教育、劳动安全卫生法纪教育和典型经验及事故案例教育；新员工的三级安全教育是对公司新进员工进行公司、车间、班组三级安全培训教育，经考核合格后，方可上岗；对公司内转岗、脱离岗位一年以上者，进行车间、班组级安全培训教育，经考核合格后，方可上岗；复工安全教育是指员工工伤伤愈复工前，或员工经过较长时间的假期后重新上岗工作前，对员工进行的安全教育；日常安全教育是指定期开展安全生产制度、安全生产知识和技术、操作规程、工艺安全信息等方面内容的教育培训。

第二节　风险评估和风险控制

企业要实现安全生产，关键是做到“安全工作在前、预防工作在先”，实现安全生产超前管理。这就要求企业做好风险评估和风险控制，在事故发生之前识别出存在的安全隐患，并采取措施将风险降低至可接受的范围，将安全管理由被动式管理转为主动式管理，从而有效避免不安全事件的发生，提高企业的安全生产水平。立兴化工高度重视风险评估和风险控制工作，公司制定了《风险控制管理程序》，明确了风险的识别、评估、管理和监控等，对风险的多层面控制，确保公司生产安全。

一、企业危险源与风险分析

（一）重大危险源辨识

根据《危险化学品重大危险源辨识》（GB18218—2009）和《危险化学品重大危险源监督管理暂行规定》（国家安全生产监督管理总局令第 40 号），立兴化工涉及的危险化学品有氯甲烷、氯乙烷、间二氯苯、对氯苯酚等。重大危险源辨识如表 6-1 所示。

表 6-1　安徽立兴化工有限公司重大危险源辨识

序号	物资名称	类别	场所	临界量 Q（t）	实际量 q（t）	q/Q
1	氯甲烷	有毒气体	1/2/3 车间	50	10. 8	0. 2130
2	氯乙烷	有毒气体	2/3 车间	50	3. 6	0. 0720
			甲类仓库	50	18	0. 3600
3	乙二醇甲醚	易燃液体	1 车间	5000	20	0. 0040
			醚储罐区	5000	120	0. 0240
4	乙二醇二甲醚	高度易燃液体	1 车间	1000	50	0. 0500
			醚储罐区	1000	100	0. 1000

续表

序号	物资名称	类别	场所	临界量 Q（t）	实际量 q（t）	q/Q
5	间二氯苯	毒性物质	3 车间	500	10	0.0200
			间氯苯甲醚中试装置	500	1.25	0.0025
6	对氯苯酚	毒性物质	3 车间	50	31	0.6200
7	乙二醇乙醚	易燃液体	2 车间	5000	2.5	0.0005
			甲类仓库	5000	10	0.0020
8	乙二醇二乙醚	易燃液体	2 车间	5000	2.5	0.0005
			甲类仓库	5000	10	0.0020
9	溴丙烷	易燃液体	2 车间	5000	2	0.0004
			甲类仓库	5000	15	0.0030
10	溴丁烷	易燃液体	2 车间	5000	2	0.0004
			甲类仓库	5000	15	0.0030
11	氯甲烷	有毒气体	氯甲烷罐区	50	243	4.8600
12	甲醇	易燃液体	甲类仓库	500	5	0.0100
13	甲醇钠甲醇溶液	易燃液体	甲类仓库	500	3.5	0.0070

（二）重大危险源的分级

根据国家安监总局 40 号令《危险化学品重大危险源监督管理暂行规定》中对重大危险源分级方法进行分级（R 为分级指标）：

$$R=\alpha\left(\beta_1\frac{q_1}{Q_1}+\beta_2\frac{q_2}{Q_2}+\cdots+\beta_n\frac{q_n}{Q_n}\right)$$

将公司现有危险物质的实际存在量（q、q_1、$q_2\cdots$），临界量（Q、Q_1、$Q_2\cdots$），各危险物质相对应的校正系数（β、β_1、$\beta_2\cdots$）以及该危险化学品重大危险源厂区外暴露人员的校正系数（α）代入上式进行计算：

$$R=2.0\times(2\times5.07+2\times0.43+0.95)=2.0\times11.95=23.9$$

对照国家安监总局 40 号令中的重大危险源分级标准，经过辨识，立兴化工的生产系统以及氯甲烷储罐区、醚储罐区已构成 3 级重大危险源。

（三）工艺过程（包括设备和装置）的危险、有害因素识别和确认

立兴化工 1 车间生产乙二醇二甲醚产品，2 车间生产二乙二醇二甲醚、

二乙二醇二丁醚、二丙二醇二甲醚、二丙二醇甲丙醚、四乙二醇二甲醚、乙二醇二乙醚产品（不同时生产），3车间生产二氯二苯醚、二乙二醇二乙醚、二乙二醇甲乙醚产品，在生产过程中涉及使用易燃液体、易燃液化气体、腐蚀品、毒害品、遇湿易燃等危险化学品，在工艺使用过程中存在导致火灾、爆炸、中毒、灼烫、冻伤等事故发生的危险因素。为配套生产能力，公司设置了甲类仓库，并设有醚储罐区（储存醚系列生产原料和产品）和氯甲烷储罐区，在储存、运输过程中存在因泄漏而导致火灾、爆炸、中毒、灼烫、冻伤等事故发生的危险因素。

公司生产过程中涉及烷基化、取代等化学反应过程，这些反应均为放热反应，放热反应安全性的关键在于必须及时移走反应热，掌握控制好热量平衡操作，否则将可能造成反应温度和反应压力的剧升，导致冲料，甚至爆炸。

公司生产过程中涉及物料输送、粗馏、精馏、静置分层、水洗、脱水、压滤、冷凝、均和包装等化工单元操作。如果不能严格按照有关安全规程进行严格操作，将可能造成严重事故，甚至引发火灾、爆炸事故。

若设备设计制造上存在缺陷，设备本身不能满足工艺要求，工艺技术未经技术鉴定，未经严格的物料衡算、热量衡算和动力学、热力学计算，就盲目将试验数据用于工程设计和生产，可能致使反应过程失控和设备强度不够而发生爆炸；若设备选材不适、结构不当、功能不充分，设计压力、强度等性能参数达不到要求，操作时压力超过设计压力等，会因强度不够而产生泄漏或容器破损，引发火灾、中毒、爆炸等事故。

若设备安装质量差，造成设备、管道稳定性不好、密封不良、防护不当、支撑不当、标志设置缺陷等，会引发火灾、中毒、爆炸等事故。

设备未安装相应的安全装置或者所安装的安全装置选型不当，不能正常发挥其功能；或者安全装置质量低劣，没有按有关规定定期进行检测、校验，存在的故障等，有可能误导操作，或在非正常情况下不能发挥其作用等，将最终酿成生产安全事故。

公司生产过程中使用氯甲烷钢瓶、氯乙烷钢瓶、氯甲烷缓冲罐、氯乙烷缓冲罐、储气罐、蒸发器、热载体炉、防爆电动葫芦等压力容器，储存过程中使用氯甲烷储罐、缓冲等压力容器，如果在设计、制造时压力容器未按规范要求，选材不当，结构不合理，制造质量存在缺陷，在使用过程中，因承受压力、侵蚀、温度、改变载荷等的影响，产生新的缺陷或使原有的缺陷扩展，成为事故隐患。压力容器安全附件都是易发生泄漏部位，在容器内物料超压时往往最先破坏，而且事故后果通常都比较严重。

（四）对可能发生的危险化学品事故的预测后果

一旦氯甲烷储罐区发生泄漏，处置不当将可能引发人员中毒、火灾爆炸事故，造成重大损失。

1 车间、2 车间、3 车间、醚储罐区一旦发生醚系列生产原料或产品的泄漏引发火灾爆炸事故，将可能发生人员伤亡事故，造成重大损失。

二、危险源监控与预防措施

公司重点生产岗位、醚罐区及氯甲烷罐区安装有自动控制系统，自动控制系统连接至厂区总控制室，系统具有数据采集、设备和状态监视、报警监视、事故顺序识别、事故追忆、调试、诊断等功能。对重要的工艺参数进行监视、控制、操作、记录和报警。主要控制对象是烷基化釜的温度、压力控制，烷基化釜的温度、压力均引入控制系统集中显示控制，实现超温、超压报警联锁。烷基化釜搅拌电机空载信号引入系统，实现空载联锁。

各车间、醚及氯甲烷罐区、甲类仓库都安装有火灾自动报警、可燃气体报警系统，主机设置在公司总控室。可燃气体探测器、火焰探测器等探测到泄漏、火灾情况后，立即发出报警讯号。

各车间重点岗位、醚及氯甲烷罐区、甲类仓库等都安装有闭路电视监控探头，监控主机安装在保安值班室。探头对生产作业场所和仓储场所进行24 小时不间断监控，一旦监测到事故信息，保安人员将立即逐级上报。

各车间主任、当班班长、岗位主操作负责对本车间、本班组、本岗位运行的生产设备进行不间断的安全监控（仓库办公室主任及下属产品包装主操作、氯甲烷罐区卸车、灌装主操作、醚储罐区主操作、仓库保管员等负责对仓储场所、卸车、灌装作业的过程进行安全监控），发生事故及时上报。

应急救援指挥部接到可能导致危险化学品灾难事故的信息后，应按照分级响应的原则及时研究确定应对方案，并通知相关部门、车间采取有效措施预防事故发生；当应急救援指挥部认为事故较大，有可能超出本级处置能力

时，要及时向绩溪县安全生产监督管理局报告；绩溪县安全生产监督管理局应及时向县安委会报告，及时研究应对方案，并立即采取预警行动。

县政府及各相关部门在无法甄别事件等级的情况下，应立即上报市政府及市安全生产监督管理局，由市安全生产监督管理局负责甄别危险化学品事故或事件等级，市政府发布预警信息。

第三节　安全生产应急预案

为规范企业安全生产事故应急管理和应急响应程序，提高处置安全生产事故能力，在事故发生后，能迅速有效、有序地实施应急救援工作，最大限度地减少人员伤亡和财产损失，立兴化工制定了《生产安全事故应急救援预案》。

一、应急预案工作的原则

1. 坚持以人为本的原则

把保障员工的生命安全和身体健康作为应急工作的出发点和落脚点，最大限度地减少突发危险化学品事故造成人员伤亡和危害，确保员工生命及公司财产的安全。

2. 坚持依法规范、职责明确的原则

突发事故处置过程中，根据有关法律、法规规定，区别不同情况，采取相应措施，快速反应，及时妥善处置，尽快平息事态，恢复秩序，维护稳定。参与处置的工作人员严格按照有关法律法规办事，防止滥用职权和处置失当，导致事态扩大，造成负面影响。

3. 坚持统一领导、分级负责的原则

根据突发事故的严重性、可控性、所需动用的资源、影响范围等因素，对突发事故进行分级管理、分级处置。公司应急救援指挥部是处置各类重大突发事故的主体，统一领导公司突发事故的应急处置工作。各车间、班组要依照各自职权，对本车间、本班组的突发事故进行应急处置。

4. 坚持相互配合、以事发单位为主的原则

突发事故应急处置以事发车间为主，同时公司各部门、各车间紧密配合，充分发挥公司和有关职能部门的重要作用，统一指挥、协调配合，做好应急救援处置工作。

5. 坚持依靠科学、及时反应、措施果断的原则

加强对各类突发事故应急处置的研究，规范防控措施和程序实现工作科学化、规范化。采用先进的预测、预警、预防和应急处置技术，提高应对事故的科技水平。

二、应急组织机构的职责及分工

（一）应急组织体系

公司依据危险化学品事故危害程度的级别设置分级应急救援组织机构，由各部门领导组成，下设应急救援办公室、日常工作由公司办公室兼管。发生重大事故时，以指挥领导小组为基础，立即成立危险化学品事故应急救援指挥部，汪德林任总指挥，黄绪民任副总指挥，负责全厂应急救援工作的组织和指挥，指挥部设在办公楼，总指挥不在企业时，可由副总指挥临时任总指挥，特殊情况下由其他部门领导为临时总指挥，全权负责应急救援工作。应急救援组织体系如图 6-1 所示。

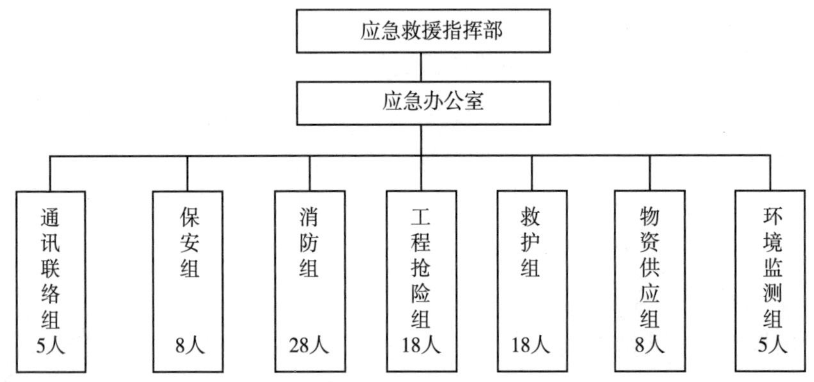

图 6-1　安徽立兴化工有限公司应急救援组织体系

安徽立兴化工有限公司应急救援指挥部组成及职责如表 6-2 所示。

表 6-2　安徽立兴化工有限公司应急救援指挥部组成及职责

	组成	职责
总指挥	总经理汪德林	组织指挥全厂的应急救援工作
副总指挥	分管安全、技术副总黄绪民	协助总指挥做好事故报警，情况通报，事故处置，现场工程抢险和设备抢修组织工作
	分管生产、设备副总洪晓辉	
指挥部成员	经营副总经理程松华	负责对抢险救援物资采购、运输、受伤中毒人员的运送和生活必需品供应的组织和领导工作
	生产部经理张荣光	联系事故现场有害物质扩散区的监测及事故处置工作；负责事故处置时生产系统开停车和事故可能危及的原材料、产品的转移、保护等工作的协调指挥
	安全环保部经理程向勇	联系事故现场有害物质扩散区的监测及事故处置工作；负责警戒、治安、疏散、道路管制工作；负责灭火、事故现场及有害物质扩散区域的洗消等工作
	设备部经理程宏田	负责工程抢险、抢修的现场组织协调与指挥
	公司办公室主任高道文	负责应急救援通讯联络、对外联系、有关信息发布；负责中毒受伤人员的住院联系与后勤保障等工作
	技术部经理邵千飞	负责应急救援现场的技术指导和从技术层面协助总指挥做好事故现场的应急救援等工作
	财务部经理程浪浓	负责事故抢险专项资金的管理，保证事故抢险期间指挥部有充足的资金运作

（二）应急救援队伍的组成及职责

1. 应急救援指挥部

应急救援指挥部职责：组织制订事故应急救援预案；负责人员、资源配置、应急队伍的调动；确定现场指挥人员；协调事故现场有关工作；批准本预案的启动与终止；事故状态下各级人员的职责；事故信息的上报工作；接受政府的指令和调动；组织应急预案的演练。

2. 应急救援办公室

应急救援办公室是公司应急救援工作的日常办事机构，负责平时的应急救援准备工作，负责信息报送、组织联络和协调各职能部门等工作；负责与外界的渠道沟通，引导公众舆论；事故状态下，负责事故现场通讯联络和对外联系工作，必要时代表指挥部对外发布相关应急救援的信息；协助总指挥做好事故报警、情况通报工作。

3. 应急救援专业队伍

消防、抢险组职责：接到通知后，迅速奔赴现场，正确佩戴个人防护用具，协助事故发生单位迅速切断事故源和排除现场的易燃易爆物质；根据指挥部下达的指令，迅速抢修设备、管道，控制事故，以防扩大；查明有无中毒人员及操作者被困，及时使严重中毒者、被困者脱离危险区域；现场指导抢救人员，消险危险物品，开启现场固定消防装置进行灭火；现场固定消防泵、移动灭火器等要按规定经常检查，确保其处于良好的备用状态。

保安组职责：根据火灾爆炸（泄漏）影响范围，设置禁区，布置岗哨，加强警戒，巡逻检查，严禁无关人员进入禁区；接到报警后，封闭厂区大门，维护道路交通秩序，引导外来救援力量进入事故发生点，严禁外来人员围观。

医疗救护组职责：储备足量的急救器材和药品，并能随时取用；事故发生后，应迅速做好准备工作，伤者送来后，根据受伤症状，及时采取相应的急救措施对伤者进行急救，重伤员及时转院抢救。

物资供应组职责：物资供应队在接到报警后，根据现场实际需要，准备抢险抢救物资及设备等工具；根据生产部门、事故装置查明事故部位管线、阀门、设备等型号及几何尺寸，对照库存储备，及时准确地提供备件；根据事故的程度，及时向外单位联系，调剂物质、工程器具等。

通信联络组职责：通讯联络队接到报警后，立即采取措施中断一般外线电话，确保事故处理外线畅通，应急指挥部处理事故所用电话迅速、准备无误；迅速通知应急指挥部、各救援专业队及有关部门，查明事故源外泄部位及原因，采取紧急措施，防止事故扩大，下达按应急预案处置的指令；接受指挥部指令对外信息发布。

监测组职责：负责对事故发展情况及周边环境影响的监测，火灾爆炸气态泄漏物去向进行跟踪监测，并将结果及时报告应急救援指挥部。

三、应急响应

（一）响应分级

根据生产安全事故（以下简称事故）造成的人员伤亡或者直接经济损失，事故一般分为以下等级：

Ⅰ级：特别重大事故，指造成30人以上死亡，或者100人以上重伤（包括急性工业中毒，下同），或者1亿元以上直接经济损失的事故。

Ⅱ级：重大事故，指造成10人以上30人以下死亡，或者50人以上100人以下重伤，或者5000万元以上1亿元以下直接经济损失的事故。特别重大事故、重大事故逐级上报至国务院安全生产监督管理部门和负有安全生产监督管理职责的有关部门。

Ⅲ级：较大事故，指造成3人以上10人以下死亡，或者10人以上50人以下重伤，或者1000万元以上5000万元以下直接经济损失的事故。较大事故逐级上报至省、自治区、直辖市人民政府安全生产监督管理部门和负有安全生产监督管理职责的有关部门。

Ⅳ级：一般事故，指造成3人以上死亡10人以下重伤，或者1000万元以下直接经济损失的事故。一般事故上报至设区的市级人民政府安全生产监督管理部门。

Ⅴ级：公司级安全事故，指5人以下重伤，或者500万元以下直接经济损失的事故。公司内某生产、储存装置单元发生火灾，但未引起爆炸，依靠公司内灭火设备器材短时间内能消除危险；事故安全影响限制在厂界范围内，环境影响控制在公司内现场周边地区，但未引发人员重伤、死亡；企业的生产安全和作业人员未造成严重威胁，调动公司的资源进行控制就能予以控制或消除威胁。

（二）响应程序

在生产过程中，生产车间和氯甲烷储罐区以及醚储罐区发生事故后，岗位操作人员应立即向生产部经理、部门负责人（夜间、节假日向公司值班干部）汇报并采取相应措施，予以处理。

当处理无效，事故有扩大趋势时，应及时向公司负责人报告，公司负责人在接到报告后，立即通知公司应急救援领导小组成员到达现场，启动公司突发危险化学品事故应急预案，迅速成立应急指挥部，各专业组按职责开展应急救援工作。

当公司内危险化学品事故达到蓝色预警级别时，指挥部成员通知各自所在部门，迅速向西区生态工业园区安全部门以及当地安监局、公安局、环保局、卫生局等上级领导机关报告事故情况，报请县政府启动突发危险化学品事故应急预案。

当公司内危险化学品事故达到Ⅰ、Ⅱ、Ⅲ、Ⅳ级事件时，按国务院 493 号令的相关要求逐级上报，启动相关层级突发危险化学品事故应急预案。

安徽立兴化工有限公司生产安全事故应急响应程序如图 6-2 所示。

四、信息报告

一旦事故发生，操作人员通过报警装置或闭路电视监控系统、火灾自动报警系统、烷基化自控系统等获知事故信息。发生事故单位在立即处理的同时将事故情况报告公司应急办公室、生产部、安全环保部和设备部（夜间突发事故在立即处理的同时立即向公司值班干部报告，值班干部在立即处置的同时将事故情况及时上报公司负责人），应急办公室立即向公司负责人报告并通知到指挥部成员。公司负责人接到事故报告后立即组织应急救援的同时向县安监局报告，并在确保救援人员人身安全的情况下，企业按照处置程序立即展开应急自救工作。

公司应急管理办公室（公司办公室）在接到事故信息报告后，应记录事故信息报告的时间、报告人的姓名、双方主要交流的内容等。公司负责人接到事故报告后，应当立即启动事故应急预案，采取有效措施，组织抢救，防止事故扩大，减少人员伤亡和财产损失，并安排专人在 1 小时内向绩溪县安全生产监督管理局和负有安全生产监督管理职责的相关部门报告。

五、应急结束

符合下列条件之一的，即满足应急终止条件：事故现场得到控制；事件条件已经消除；泄漏已降至规定限值内；事故造成的危害已被彻底清除，无

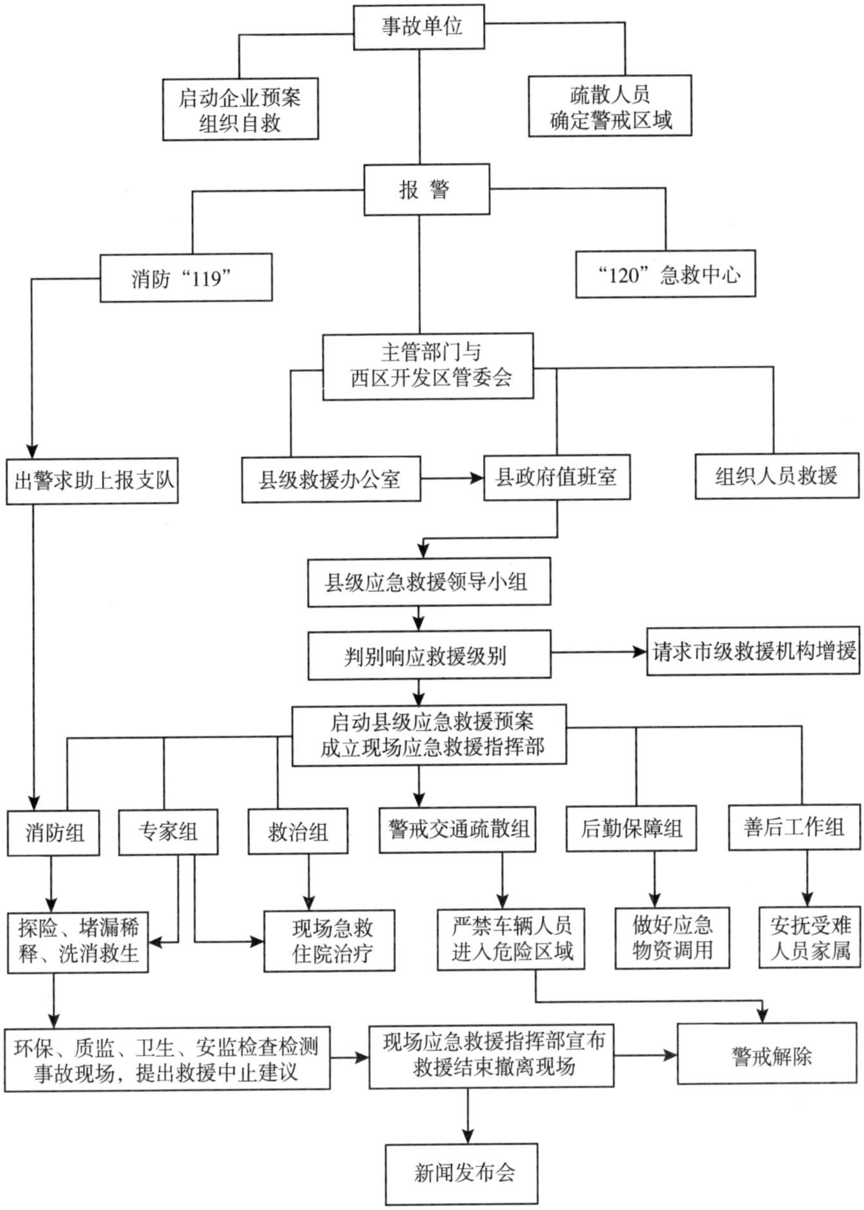

图 6-2 安徽立兴化工有限公司生产安全事故应急响应程序

继发可能；事故现场的各种专业应急处置行动已无继续的必要；现场救援指挥部确认终止时机，或事故责任单位提出，经现场救援指挥部批准；现场救援指挥部向各专业应急救援队伍下达应急终止命令；应急状态终止后，应继续进行现场监测，直到其他补救措施无须继续进行为止。

六、后期处置

（1）现场保护。安排专人对事故现场进行保护，对相关数据进行封存，等待事故调查人员的调查取证。

（2）现场洗消。根据灭火、抢险后事故现场具体情况，洗消去污采用稀释法、处理法、物理去除法、中和法、吸附法、隔离法等方法。

（3）善后处置。协助县政府做好善后处置工作，包括伤亡救援人员、遇难人员补偿、亲属安置、征用物资补偿、救援费用支付、灾后重处、污染物收集、清理与处理等事项；负责恢复正常工作秩序，消除事故后果和影响，安抚受害和受影响人员，保证社会稳定。

（4）保险。事故灾难发生后，由财务部负责联系保险机构开展相关保险受理和赔付工作，工作总结与评估应急响应和救援工作结束后，在公司分管领导的指挥下，由生产部、安全环保部及设备部牵头，按事故“四不放过”原则，认真分析事故原因，制定防范措施，落实安全生产责任制，防止类似事故发生。应急救援办公室负责收集、整理应急救援工作记录、方案、文件等资料，组织专家对应急救援过程和应急救援保障等工作进行总结和评估，提出改善意见和建议，并将总结评估报告报绩溪县安监局。

第四节　防火、防爆、防毒安全管理

一、防火制度

立兴化工严格执行防火制度，明确生产车间防火责任人，定期检查消防设备，排查消防隐患，确保消防安全。

对于生产区动火作业，立兴化工严格执行各项管理规定，要求凡在生产区内动火，必须办理“动火证”。“动火证”由动火单位的负责人填写，二、三级动火要求必须报生产部、安保部经理批准，并报常务副总经理审批同意，一级以上的动火作业，除以上规定环节，最后必须经总经理批准，方可动火。动火作业前，动火单位的负责人必须认真落实各项防范措施，并经确认无误后方可进行动火作业。动火作业现场要求有专人监护，动火作业未结束，监护人不准离开动火现场。动火时间只有在“动火证”上规定的时间内才有效，超出规定的时间必须重新报批“动火证”，得到批准后方可动火。

二、防爆炸制度

立兴化工要求液氯、氯甲烷钢瓶必须按规定的时间和要求报送有资质的单位检验，合格后才能使用，不得拖延时间，检验合格证存档备查；危化品仓库的照明必须采用防爆灯具，仓库内、外必须配置足够的灭火器材，严格遵守危化品存储管理制度；锅炉的安全阀必须按规定每年报市有关部门校验，取得合格证，存档备查；禁止锅炉房内有明火，锅炉严禁缺水；工业油炉的油箱防空管每月至少要检查一次；拆除工艺管道和设备必须办理“动火证”，取样分析鉴定合格，才能动火；大修后系统开车前必须进行工艺置换；危险品运输要严格遵守国家相关的法律法规。

三、防中毒制度

保障职工的健康安全是企业义不容辞的责任，立兴化工属于化工企业，由于化工原料和产品的特点，稍有不慎就可能发生中毒事件，危及职工健康安全。立兴化工明确要求全体车间人员作业前必须按规定穿戴劳动防护用品后方可进行作业，并严格遵守安全操作规程。含有危化品的垃圾、编织袋、废桶等包装物必须运送到处理总站分类处理，未经安保部门批准的，不得出售。

立兴化工对进入设备、容器内作业提出明确要求，要求进入设备、容器必须由其管辖的车间主任办理进罐作业证；进罐作业人员未持获得批准的作业证有权拒绝进罐作业；作业前必须分析容器内的气体和固体成分，鉴定和确认在安全指标内的情况下，方可进罐作业。

第五节 员工职业健康安全

立兴化工高度重视员工职业健康安全，不断改善工作环境中的职业健康与安全等条件，于2003年通过了ISO 14001环境管理体系认证和OHSAS 18001职业健康安全管理体系认证。公司根据国家职业卫生标准和要求，制定了《职业病防治计划和实施方案》。

一、建立、健全职业病防治领导机构及责任制

立兴化工严格按照《职业病防治法》第五条“用人单位应当建立、健全职业病防治责任制，加强对职业病防治的管理，提高职业病防治水平，对本单位产生的职业病危害承担责任”的规定，制定了由公司法定代表人（或负责人）总负责、部门分工负责和岗位各负其责的责任体系和责任保证制度，建立、健全职业病防治领导机构。

组长：汪德林。

副组长：黄绪民、任俊虎。

成员：程松华、高道文、张荣光、程向勇、邵千飞、程浪浓。

二、依法参加工伤社会保险

按照劳动保障行政部门的有关规定，公司如实上报本单位的人数、工资总额、缴费情况以及财务会计账册等有关情况，按时缴纳工伤社会保险金，积极配合相关部门做好工伤社会保险工作，使在公司职业活动中所发生的工伤职业病以及因此而死亡，造成劳动者暂时或永久丧失劳动能力时，劳动者或其家属能够从社会得到必要的物质补偿和服务的社会保障，保证劳动者或其家属的基本生活，为劳动者提供必要的医疗救治和康复服务等。

三、建立或完善职业卫生防治管理措施

立兴化工认真制订和执行职业病防治计划和实施方案，指定公司办公室

为职业卫生管理机构，负责公司职业病防治工作。

公司积极做好工作场所的卫生防护，认真履行法律、行政法规和国务院卫生行政部门关于保护劳动者健康的各项要求，确保工作场所职业病危害因素的强度或者浓度符合国家职业卫生标准，提供与职业病危害防护相适应的设施和配套的更衣间等卫生设施，坚持有害与无害作业分开的原则，设备、工具、用具等设施符合保护劳动者生理、心理健康的要求。

公司在识别职业病危害因素的基础上，根据《职业病危害因素分类目录》规定的职业病危害因素的种类进行职业病危害项目的申报，明确公司的建设项目（新建、扩建、改建建设项目和技术改造、引进项目）应当向卫生行政部门提交职业病危害预评价报告并经卫生行政部门审核同意。

每年 10 月，公司办公室组织对接触职业病危害的人员进行职业健康体检，确保本公司员工的身体健康，并建立、健全职业卫生档案，体检经费约 2.5 万元。

公司建立健全各项职业卫生管理制度和操作规程，主要包括工作场所职业病危害因素监测及检测评价制度、职业健康监护制度和职业病危害事故应急救援预案（包括救援组织、机构和人员职责、应急措施、人员撤离路线和疏散方法、财产保护对策、事故报告途径和方式、预警设施、应急防护用品及使用指南、医疗救护等内容）。

四、职业病报告制度

根据《职业病防治法》第四十三条第一款及卫生部颁布的《职业病报告办法》的规定，报告办法应符合下列规定：

（1）急性职业病报告：企业及其职工医院（所）接诊的急性职业病均应在 12~24 小时之内向患者所在地卫生行政部门报告；凡有死亡或同时发生三名以上急性职业中毒以及发生一名职业性炭疽，企业及其职工医院（所）应当立即电话报告卫生行政主管部门或卫生监督机构。

（2）非急性职业病报告：企业及其医疗卫生机构（包括没有取得职业病诊断资格的综合医院）在发现或怀疑为职业病的患者时，均应及时向卫生行政主管部门报告；对发现或怀疑为职业病的非急性职业病或急性职业病紧急救治后的患者应根据《职业病防治法》规定及时转诊到取得职业病诊断资质的医疗卫生机构明确诊断，并按规定报告；对确认的非急性职业病患者，应及时按卫生行政主管部门规定的程序逐级上报。不得虚报、漏报、拒报、迟报、例报和单改。

五、职业病危害公告告知和工作场所危害警示及报警装置

公司在醒目位置设置公告栏，公布职业病防治的规章制度、操作规程、职业病危害事故应急救援措施和工作场所职业病危害因素检测结果。对产生严重职业病危害作业岗位，在其醒目位置设置警示标识和中文警示说明。对可能发生急性损伤的有毒、有害工作场所，设置报警装置，配置现场急救用品、冲洗设备、应急撤离通道和必要的泄险区。

六、职业卫生培训

公司职业卫生培训的对象为全体员工，培训内容包括职业病的概念、危害和防范，培训方式为上岗前职业卫生培训和在岗期间的定期职业卫生培训。

第七章　环境保护管理

近年来，我国环境污染问题日益严重，引起了政府和民众的高度重视，建设社会主义生态文明成为全社会的共识。绩溪县严格落实环境保护政策、完善生态文明制度、划定生态红线、加大环保执法力度、强化环境监管，在保护生态环境、实行绿色发展方面取得了巨大成绩，被评为国家生态县、国家森林城市、全国国土绿化突出贡献单位、省级园林城市。

在这样的宏观、微观环境下，加强环境保护、防治污染排放成为企业生存和发展的必然要求。安徽立兴化工有限公司不但把环境保护作为国家法律法规所规定的强制性义务，更将其视为企业必须承担的社会责任。正如公司总经理汪德林常说的“宁可少赚钱，也要把环保搞上去，不赚子孙钱”，这体现了一名企业家对员工、企业以及社会的高度责任感。正是在内外要求的驱动下，立兴化工把环境保护工作放到突出位置，积极履行环保社会责任，使公司环保工作成为同类化工企业的标杆，为企业的长远发展打下坚实基础。

第一节　公司环境保护管理概况

立兴化工秉承“经济发展与环境保护相和谐”的经营理念，始终把环境保护和节能减排作为提高竞争力和履行社会责任的一项长期的、战略性的工作。公司通过加强日常管理和综合治理，专项足额投入费用，加大污染控制力度，积极采用先进标准和节能技术，不断引进环保处理先进设施，淘汰能耗高、污染高的工艺设备，推行清洁生产，每年在能源利用、工艺改进等环节的环保投入超过400万元，2008年以来公司在环保方面固定资产投资达4000万元。公司严格执行国家环保相关规章制度，健全完善环保长效机制，强化环保目标责任制落实，实现了企业发展与环境保护的“双赢”。

立兴化工致力于创建环保型企业，每年组织一次针对环境管理流程的内审，聘请CQC对环境管理体系进行监督审核，通过了ISO 14001环境管理体系认证，2015年公司清洁生产审核工作顺利通过市环保局验收，2016年公司年产5200吨醚系列产品项目通过环保和安全验收，实现了废水、废气、固体废弃物的达标排放。经过多年的努力，公司环境保护能力显著提升，为企业持续稳定健康发展奠定了坚实的基础。

一、设立环境管理机构与制度

立兴化工注重从制度上加强环境保护工作，制定了《企业环境保护管理制度》。在生产发展中坚持贯彻环境保护这一基本国策，坚持预防为主、防治结合的方针，实行环境保护目标责任制。公司环境保护的主要任务是依法治理生产废水、生产废渣综合利用、烟尘治理、防治环境污染、发展清洁生产。

公司环境保护部门是公司环境保护的管理机构，其主要职责是发挥管理职能，贯彻执行国家及地方政府的环保方针、政策和法规，制定公司的环保规划和目标及全年工作计划，制定环保档案管理制度，负责全公司环保监督和管理工作，努力做到清洁生产，治理好公司的污染源，减少和防止污染物的产生。各部门车间建立环保目标责任制，各车间部门对本单位环保工作负相应责任，尤其是确保环保设施的正常运行及污染事故的处理。

二、加强车间部门环境保护

车间是企业生产的场所，要从源头控制环境污染，必须高度重视车间内的环保。立兴化工在“预防为主、防治结合、综合治理”的方针指导下，不断加强车间部门的环境保护。比如，建立车间环保巡查制度，各值班班长交接班记录上必须有环保内容，并认真记录环保设施运行台账；强

化对原材料、中间物料及成品的转运、输送管理，严禁跑、冒、滴、漏；加强对生产过程的管理，按规定准确计量好投料量，把握好投料的速度及工艺指标的控制，减少物料损失，提高产品收得率；污水处理岗位要认真按照操作规程，认真执行废水的处理工艺，精心操作，保证废水的达标排放，并做好污水处理运行操作记录；重点控制尾气吸收设备的运行，做好操作记录；切实抓好清污分流、雨污分流，对沟渠定期疏导，以免在暴雨时造成环境污染；车间切实维护好设备，严禁因设备故障造成噪声污染、大气污染和水污染；对于车间发现设备故障，必须紧急停机，以免对周围环境造成污染。

三、严格“三废”排放处理

保护环境，就是发展企业生产力。立兴化工的“三废”处理工作坚持有序、文明、安全、达标的原则，依据公司环境保护制度制定固体废物处理、污水排放、废气排放的规定，要求全体员工严格遵守执行。

（1）废袋、废桶、废铁等。在生产经营过程中，多余无用的废袋、废桶、废铁的处理，由安环部协同生产、技术和经营部门，负责对外处理销售。带化工污染的固体废物，未经处理，不达环保要求的不得出售，杜绝外流对社会环境造成危害。

（2）化工底料、废料等。所有的化工固体底料、废料清出后，必须分类装袋，定点堆放，由安环部、生产部统一安排处理，不准随意乱丢；所有的化工液体废料清出后，必须装桶分类堆放，由安环部、生产部统一安排处理，不得随意往地沟倒排；每天打扫卫生的垃圾，必须入垃圾桶集中处理；车间管理人员，班组长在指挥生产过程中，要严格执行，若有违反，视情罚款。

（3）废气、污水排放。废气、污水的处理必须严格遵守操作规程，执行废气、污水的排放指标；任何情况下，杜绝污水处理流程走近路，不达指标的污水不准排放，违者罚款；分析人员每天对排放的污水核查一次，并将结论报安环部、生产部；分析人员每周检查一次环境大气情况，并报安环部、生产部。

第二节　国家环保制度执行情况

一、认真贯彻环保法律法规

立兴化工严格执行国家各项法律法规。执行《中华人民共和国大气污染防治法》，严格限制向大气排放含有毒有害的废气和粉尘，确需排放的，经过净化处理，实现达标排放；执行《中华人民共和国水污染防治法》，加强污水治理，减少污水排放量，坚持做好生产废水处理工作；执行《中华人民共和国固体废物污染防治法》；执行国家环境报告书制度；执行国家“三同时”制度；执行国家排污申报和污染物排放许可制度；执行《中华人民共和国国务院建设项目环境保护管理条例》；执行国务院《关于环境保护若干问题的决定》；执行《排污费征收使用管理条例》。

公司的各个项目建设均严格执行环境影响评价和环保“三同时”等各项环境管理制度，按照审批权限的规定进行报批；各期工程均按环评报告审批意见的要求，足额投入，落实污染防治及生态保护措施，并均通过了有关行政主管部门的验收。

二、环境质量及污染物排放执行情况

立兴化工目前执行的环境质量标准和污染物排放标准如表 7-1 所示。

表 7-1　安徽立兴化工有限公司目前执行的环境质量标准和污染物排放标准

环保、节能项目	2014 年	2015 年	2016 年	国家/行业标准
废水排放	达标排放	达标排放	达标排放	GB8978—1996
燃煤烟气、工艺废气排放	达标排放	达标排放	达标排放	GB13271—2014 GB16297—1996
厂界噪声	达标排放	达标排放	达标排放	GB12348—2008
危险废弃物	合理处置	合理处置	合理处置	GB18597—2001

三、排污缴费情况

立兴化工近三年的排污缴费情况如表 7-2 所示。

表 7-2 安徽立兴化工有限公司排污缴费情况

年份	排污缴费额
2014	110014 元
2015	87744 元
2016	108730.02 元

第三节 “废水、废气、固体废弃物”处理模式

一、废水处理模式

立兴化工每年排污水 1 万吨左右，每天排污水 3~4 吨。公司采用生物处理法来处理污水，生物处理法就是利用微生物的新陈代谢功能，使污水中呈溶解和胶体状态的有机污染物被降解并转化为无害的物质，使污水得到净化。随着化学工业的发展，污染物成分日渐复杂，废水中含有大量的有机污染物，如仅采用物理或化学的方法，很难达到治理的要求，利用微生物的新陈代谢作用，可对废水中的有机污染物质进行转化和稳定，使其无害化。

公司污水主要处理单元及特点如下：

（1）集水池：高 COD 含盐废水种类多，成分复杂，水质、水量变化较大。集水池收集高 COD 含盐废水，进行水量与水质双重调节。

（2）脱盐系统：高 COD 含盐废水含有大量的无机盐，废水中无机盐含量远远超过相关的排放标准，且无机盐的存在对后续的生化处理系统很不利，故必须对废水中的无机盐进行有效的处理。通过多效蒸发系统能够回收盐类物质，降低无机盐对微生物的毒害作用，蒸发后的水相经冷凝后，排入

调节池，与其他废水混合后，进行生化处理。

（3）调节池：调节池收集其他废水，包括洗盖、冲地面废水、水喷泵用水、生活用水和经预处理、脱盐处理后的废水等。这些废水混合后在调节池中进行调节，均衡水质，使 COD 达到一定浓度，pH 值处于 6~9 的范围，然后污水才能进污水处理生化系统。

（4）厌氧反应器：厌氧反应器就是适宜厌氧微生物活动从而处理水中污染物的构筑物，公司主要的厌氧设备为 IC 厌氧罐。IC 厌氧罐是在 UASB 反应器的基础上发展起来的第三代厌氧生物反应器，它通过出水回流再循环，大大提高了污水的上升流速，反应器中颗粒污泥始终处于膨胀状态，加强污水与微生物之间的接触和传质，利用厌氧菌的作用，使有机物发生水解、酸化和甲烷化，去除废水中的有机物，并提高污水的可生化性，有利于后续的好氧处理。

（5）好氧接触氧化池：经厌氧处理后的出水进入好氧接触氧化池，进行好氧生物处理，好氧接触氧化池是通过曝气等措施维持水中溶解氧含量在 4mg/L 左右，适宜好氧微生物生长繁殖，从而处理水中污染物质的构筑物。其主要作用是让活性污泥进行有氧呼吸，进一步把有机物分解，去除污染物的功能。

（6）二沉池：二沉池是活性污泥系统的重要组成部分，其作用主要是使污泥分离，使混合液澄清、浓缩和回流活性污泥。

（7）达标排放：少部分循环利用，大部分进入市政污水管网。

二、废气治理模式

燃煤导热油炉选用优质淮南低硫煤，而且燃烧值高，通过对油炉的改造，使燃烧更稳定更彻底，燃烧烟气经过旋风除尘和湿法脱硫除尘处理后，达标排放。

醚车间对蒸馏和对压盐工段的无组织排放进行改造，全部集中用水吸收，从而改善操作环境，提高资源利用率。

三、固体废弃物治理模式

公司主要固体废弃物为危废和煤渣。危废主要包含非活性炭、金林辅

材、活性污泥（一年排量5~6吨）、废导热油。副产物盐经过提取中和等工艺后出售，炉渣用于建筑材料。

公司的危险废物委托有资质的废弃物处置单位进行处置。危废仓库建立了危险废物分类存储，危险废物区进行防渗漏处理及泄漏应急池，危废仓库专人负责管理，危废仓库设置醒目标识。

第八章　营销管理

第一节　营销理念与方案

一、营销理念

安徽立兴化工有限公司本着以质量求生存，以产品求发展，确立“用户第一”“质量第一”“信誉第一”“服务第一”的营销理念，维护工厂声誉，重视社会经济效益，生产物美价廉的产品投放市场，满足社会需要。公司积极掌握市场信息，开发新产品，开拓新市场，提高产品的市场竞争能力，沟通企业与社会、企业与用户的关系，提高经济效益。科学合理地进行市场预测，因为在董事长汪德林以及高层管理人士看来市场预测是经营决策的前提，对同类产品的生命周期状况和市场覆盖状况要作全面的了解分析，并掌握下列各点：

（1）了解同类产品国内外全年销售总量和同行业全年的生产总量，分析饱和程度。

（2）了解同行业各类产品在全国各地区市场占有率，分析开发新产品，开拓新市场的途径。

（3）了解用户对产品质量的反映及技术要求，分析提高产品质量，研发新品种，满足用户要求的可行性。

（4）了解同行业产品更新及技术质量改进的进展情况，分析产品发展的新动向，做到知己知彼，掌握信息，力求企业发展，处于领先地位。

公司通过预测国内各地区及外贸各占的销售比率，确定年销售量的总体计划，收集国外同行业同类产品更新及技术发展情报、外贸供求趋势、国外用户对产品反映及信赖程度等，确定对外市场开拓方针。

二、制订市场营销方案

立兴化工根据公司中长期规划和生产能力状况，通过预测市场需求情况，进行全面综合分析，由销售部提出初步的年产品销售方案，报请公司审查决策，并经过部门经理会议讨论，总经理审定，确定年度经营目标并作为编制年度生产大纲和年度方针目标的依据。

（一）产销平衡及签订合同

销售部根据企业全年生产大纲及近年来国内各地区和外贸订货情况，平衡分配计划，对外签订产品销售合同，并根据市场供求形势确定“以销定产”和“以产定销”相结合的方针，留有余地，信守合同，维护合同法规的严肃性。执行价格政策，如需变更定价，报批手续由财务部负责，决定浮动价格，经营销副总审核，总经理批准执行。销售部根据年度生产计划，销售合同，编制年度销售计划，根据市场供求形势编报季度和月度销售计划，以便综合平衡产销衔接。

参加各类订货会议，本着先外贸后内销、照顾老用户结交新用户、全面布点、扩大销售网、开拓新市场的原则，巩固发展用户关系，建立和逐步完善销售档案，管理好用户合同。

（二）编制产品发展计划，组织回笼资金

执行销售合同，必须严格按照合同供货期编制产品发运计划，做好准时发运的工作。产品销售均由销售部开具“产品发货通知单”、发票和托收单，由财务科收款或向银行办理托收手续。努力降低产品库存，由财务部编制销售收入计划，综合产、销、财的有效平衡并积极协助销售部及时回笼资金。确立为用户服务的观念，款到发货应及时办理；用户函电询问，三天内必答；如有质量问题需派人处理，五天内与有关部门联系，派人前往。

（三）建立产品销售信息反馈制度

销售部每年必须有一次全面的用户访问，并每年发函到全国各用户，征

求意见，将收集的意见汇总、整理，向公司领导及有关部门反映，由有关部门提出整改措施，并列入全面质量管理工作。将用户对产品质量、技术要求等方面的意见进行登记并及时反馈给有关部门处理。收集整理产品销售方面各种数据，建立用户档案，收集同行业情报，提供销售方面的分析资料，按上级规定，及时、准确、完整地上报销售报表。

第二节　品牌建设与市场开拓

一、品牌建设

品牌是企业的核心竞争力，是企业立足于市场的筹码。从中国制造到中国创造，看似只有一字之差，但是背后需要我们中国企业转变思维，长远规划。探索适合中国企业的品牌发展路径，需要探索适合本土企业发展、具有差异化竞争优势的品牌价值成长模式，需要发展更多先进的品牌管理理念、模式、工具和方法，需要系统地提升品牌管理与运营的能力。品牌建设的本质是建立、发展与维护品牌所有者和利益相关者的关系。

立兴化工在生产经营过程中，十分注重品牌建设。一个企业品牌就是一个企业的形象，只有有一个良好的公众形象，才能在激烈的市场竞争中立于不败之地。所以公司从创建之初在抓企业新产品开发的同时，就注重了品牌的建设，公司现有注册商标 5 件，LX+图形商标在 2008 年就被认定为安徽省著名商标，目前，立兴商标在化纤行业、电子、医药、油墨等行业都享有一定知名度，3,4′-二氯二苯醚产品荣获安徽名牌产品和重点新产品，2015 年公司再次获得安徽省质量奖荣誉称号。

二、市场开拓

立兴化工从起步到快速发展到形成目前的规模经历了不断的探索与努力，坚持进行产品试验、提高再投入，逐步获得了国内外客户的认可，并稳定地拥有了固定消费群体。在实现国内市场稳定后，立兴化工逐步开拓海外市场，产品远销印度尼西亚、韩国、日本等国家。

立兴化工是国内生产双醚最大的生产厂家，行业地位优势明显，近年来稳居前列，国内外市场占有率在60%以上，荣获了“安徽省民营企业出口创汇100强企业”称号。公司设备先进、工艺技术要求严格、产品质量稳定、企业管理规范，为多家国际知名品牌企业提供产品，如韩国的三星、印度美兰等国际巨头公司，并且达成了长期的合作关系，产品得到了客户的一致认可，公司产品具有广阔的市场前景。

公司目前主营产品的市场占有情况及客户满意度、客户忠诚度如表8-1所示。

表8-1 安徽立兴化工有限公司主要产品市场占有情况及客户满意度、客户忠诚度

产品名称		醚系列产品		油剂及有机硅		3,4′-二氯二苯醚	
		国内	国际	国内	国际	国内	国际
市场占有份额	2012年	65%	25%	50%	0	50%	0
	2013年	65%	25%	50%	0	50%	0
	2014年	70%	25%	50%	0	50%	0
顾客满意程度	2012年	90.5%		90.5%		90.5%	
	2013年	90.6%		90.6%		90.6%	
	2014年	90.7%		90.7%		90.7%	
顾客忠诚程度	2012年	90%		90%		90%	
	2013年	95%		95%		95%	
	2014年	98%		98%		98%	

三、售后服务、消费者意见处理方面

公司在产品售后服务、消费者意见处理方面严格按照ISO 9001质量管理体系要求，建立和完善顾客关系，企业因顾客而生存，“顾客需要什么，企业就应该供应什么；顾客现在需要什么，企业就应该生产什么；顾客将来需要什么，企业就应该研发什么”。围绕此理念，公司在产品生产和提供的各个环节均以顾客的需求为活动的输入条件，以顾客满意为过程结果的评价标准。公司制定了《满足顾客、供方、相关方需求控制程序》，将顾客、相关方需求及其满足对策制成了公司及各关键业务部门的《顾客、供方、相关方需求矩阵表》，编入公司《一体化管理手册》《程序文件》，用标准化、规范化的体系文件控制服务过程的质量，以达到输出产品和服务质量的稳定，满足顾客要求，以赢得和保持顾客，增加顾客忠诚度，吸引潜在顾客，开拓新的商机，并测定顾客满意，提高顾客满意度。因此，在售后服务方面，公司始终保持与客户的沟通（包括在产品发货前、运输中、到达客户公司时、使用期间），以便及时了解客户的需求和建议，所以公司产品近几年来没有客户投诉，对客户提出的不同意见，公司总是虚心接受，尽量满足客户要求。

第九章　人力资源管理

人力资源管理是指根据企业发展战略的要求，有计划地对人力资源进行合理配置，通过对企业中员工的招聘、培训、使用、考核、激励、调整等一系列过程，调动员工的积极性，发挥员工的潜能，为企业创造价值，给企业带来效益，以确保企业战略目标的实现。企业的一系列人力资源政策以及相应的管理活动主要包括：企业人力资源战略的制定、员工的招募与选拔、培训与开发、绩效管理、薪酬管理、员工流动管理等。

安徽立兴化工有限公司根据战略规划和目标，建立以人为本的人力资源开发和管理的工作系统、激励机制、员工培训与教育体系，以发挥和调动员工的潜能，并营造充分发挥员工能力的良好环境。

第一节　人力资源管理理念

立兴化工在人力资源管理理念方面坚持以人为本，保持良好的工作环境和员工参与的氛围，维护全体员工的权益，使全体员工满意，充分调动全体员工的积极性。

一、工作环境

立兴化工不断改善工作环境中的职业健康与安全等条件，各车间人员都配备了相应的劳保用品和通风装置，设置了消防设施，安装了自动化控制装置及电子监控操作平台，各办公室配置了电脑和空调。公司制定了《事故应急救援预案》，确保对工作场所可能发生的紧急状态和危险情况做好应急准备，并安排员工进行演练。

公司为员工营造主动参与的环境，鼓励员工积极参与各种形式的质量管理活动，主要有 QC 小组、合理化建议、座谈会、“5S” 管理等。公司对群众性质量管理活动实施科学管理，提供必要的资源，并对活动成果进行评定、认可，以提高员工参与的程度和积极性。对重要的员工质量管理成果加入了《一体化管理手册》和《程序文件》中推广使用。

二、员工契合度

立兴化工在“让员工有成就并健康快乐”价值观的引领下，视员工为公司宝贵的资源和财富，将“以员工为本”“让员工分享公司发展成果”的理念作为公司人力资源管理方针，努力为员工营造安全、健康的工作环境和职业发展平台，不断推动人力资源增值，实现员工利益和公司利益的和谐共赢。特别是近两年新建了员工食堂、更衣室、澡堂，以及标准化的篮球场、羽毛球场、乒乓球室，让员工切实感受到企业获利给他们带来的实惠。

为了提升员工满意度、组织收获敬业度，进而达成组织与员工的契合度，立兴化工从员工年龄、学历和岗位方面系列地对员工进行细分，研究他们独特的需求，建立了立兴化工员工契合度模型，如图 9-1 所示。

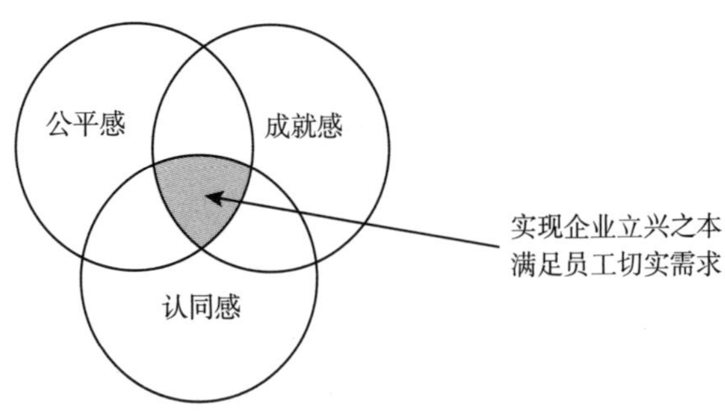

图 9-1　立兴化工员工契合度模型

（1）成就感：企业愿景与核心价值观；富于挑战性的工作任务；持续沟通、改进与激励。

（2）公平感：工作机会及发展空间；公平的薪酬福利；平等的尊重。

（3）认同感：立兴化工是我家；学习和成长；企业文化感召力。

为了更好地测量并加以改进，在总结历次员工满意度调查基础上，公司开展了员工契合度调查，并对调查结果进行了全面的、系统的分析，针对调查报告的重点提出改进，提升员工敬业度。根据近几年的调查情况，公司通过对“敏感性测量指标”的测量和策略调整，使员工满意度不断提高。通过员工投诉建议箱和处理员工投诉，解决员工所遇到的问题或不公平待遇，减少员工抱怨，提高员工组织认同感。

三、员工氛围

立兴化工不断完善自身的管理水平，公司投入大量资源、采取多种措施来保证和改善工作场所的健康、安全和安保水平，如进行风险评价、预案制定、定期检测、应急演习等。

公司为员工提供了富有竞争力的薪酬，以及人性化的政策、福利和服务，致力于为员工创造健康丰盛的人生，以适应员工多样化的需求。

公司通过有效的职责与授权体系，基于全流程运作，通过强有力的绩效考核手段，形成了良好的目标管理机制，使员工能更加主动、高效地完成公司既定的工作目标，营造“诚信勤勉、快乐工作、和谐共赢”的文化氛围，员工主动工作的良好行为习惯，有效地支撑了公司战略的落实。

第二节　职位设计与人才招聘

一、职位设计

公司对工作的职位进行设计和管理，从而促进组织内部的合作，调动员工的主动性、积极性，促进组织的授权、创新，完善和发展组织的文化。在工作系统设计和管理过程中，公司注重听取和采纳员工、顾客的各种意见和建议，有利于在不同的部门、职位和地区之间实现有效的沟通和技能共享。

公司职位设计的核心内容在于三定：定岗、定编、定员。定岗是设计组织中的承担具体工作的岗位；定编、定员是根据公司当时的业务方向和规模，在一定的时间内和一定的技术条件下，本着精简机构、节约用人、提高工作效率的原则，规定各类人员必须配备的数量以及配备人员的标准。公司人员编制定位合理，能最大限度地发挥每个人每个岗位的作用。

二、员工的聘用

公司执行国家有关劳动保护法规，有权自行招收员工，全权实行劳动工资和人事管理制度。公司对员工实行合同化管理，所有员工都必须与公司签订劳动用工合同，员工与公司的关系为合同关系，双方都必须遵守合同。公司办公室负责公司的人事计划、员工的培训、奖惩、劳动工资、劳保福利等项工作的实施，并办理员工的考核录取、聘用、解聘、辞职、辞退、除名、开除等各项手续。

公司各职能部门用人实行定员、定岗。公司各职能部门的设置、编制、调整或撤销，由办公室提出方案，报总经理办公室批准后实施。因工作及生产、业务发展需要，各部门需要增加用工的，履行手续后方准实施。特殊情况必须提前聘用员工的，一律报总经理审批。

公司要求各部门对聘用员工应本着精减原则，可聘可不聘的坚决不聘，无才无德的坚决不聘，有才无德的坚决不聘，真正做到按需录用、择才录用、任人唯贤。公司聘用的员工，一旦脱离原级职别的，由公司按照需要和受聘人的实际才能予以聘任。

公司各级员工的聘任程序如下：

（1）总经理：由董事长提名董事会聘任。

（2）副总经理、部门经理：由总经理提请董事会聘任。

（3）车间主任（副主任）：由总经理聘任。

（4）班长：个人申请，车间主任推荐，生产部考核，生产副总任命。每年重新竞聘上岗一次。

（5）主操作：个人申请，班长推荐，车间主任考核，生产部任命。每年重新竞聘上岗一次。

（6）其他员工：经总经理批准后，由公司办公室聘任。

各部门确需增加员工的，先在本部门、本企业内部调整。内部无法调整的，由用人部门提出计划，报总经理批准后，由公司办公室进行招聘。

第三节 员工教育培训

公司领导基于短期和长期的发展战略，建立人才培养发展计划和储备机制，并致力于建立学习型组织。公司领导带头学习，并为员工创造良好的学习条件和学习氛围，建立梯队人才库，以保持一支动态平衡的、规模化的后备领导人才梯队，适应公司的战略发展。公司通过各种手段，以市场调节为先导、以企业人文关怀为基石，鼓励员工提升谋生能力，加强职业生涯规划，通过传、帮、带方式，确保知识传承。公司重视通过教育、培训和职业发展促进企业整体目标的实现，这样有利于提高组织绩效，培养员工的知识、技能和能力。

一、公司的培训体系

培训是公司可持续发展的原动力，立兴化工建立了系统化的培训体系，开展了多层次和多方位的培训。通过对员工进行管理理念、管理知识、专业技能、安全知识的培训，提升员工能力，促进公司核心竞争力的提高，使员工的职业生涯发展目标与公司的战略发展目标结合起来，实现“双赢”。

新入职员工必须通过三级培训方可上岗：①（待体检合格后）国家法律法规、公司规章制度、劳动纪律等培训（由公司办公室负责）；②安全生产管理制度、安全隐患告知、安全防护知识（由安环部负责）；③原辅材料性质特点、工艺流程、操作规程、防护措施（由生产部负责）。通过三级培训后，员工进入1~2个月的试用期，均由师傅带领操作，试用期结束方可定级。

除办理《安全生产许可证》外，企业关键和特殊岗位人员，如企业负责人、安全管理人员、电工、焊工、起重机械、锅炉、压力容器、危险化学品作业人员必须经培训考核合格后，方可持证上岗。所有员工每年都必须参加健康体检，车间操作时必须按规定佩戴劳保防护用品，以确保员工身体健康。

员工试用期间，由公司办公室和用人部门考察其现实表现和工作能力。员工试用期满 15 天前，由用人部门做出考察决定，提出是否录用的意见，经部门经理、分管副总审核后，报总经理审批，决定不录者试用期满之前辞退。

公司按照培训运作流程，不断加大培训投入，组建内部讲师队伍，建立、优化基于公司领导力、能力素质模型的课程体系等手段，提升培训与员工职业发展的契合度，培养合格的管理干部及专业技术人才，以满足公司战略、业务发展的需求。公司员工培训体系如图 9-2 所示。

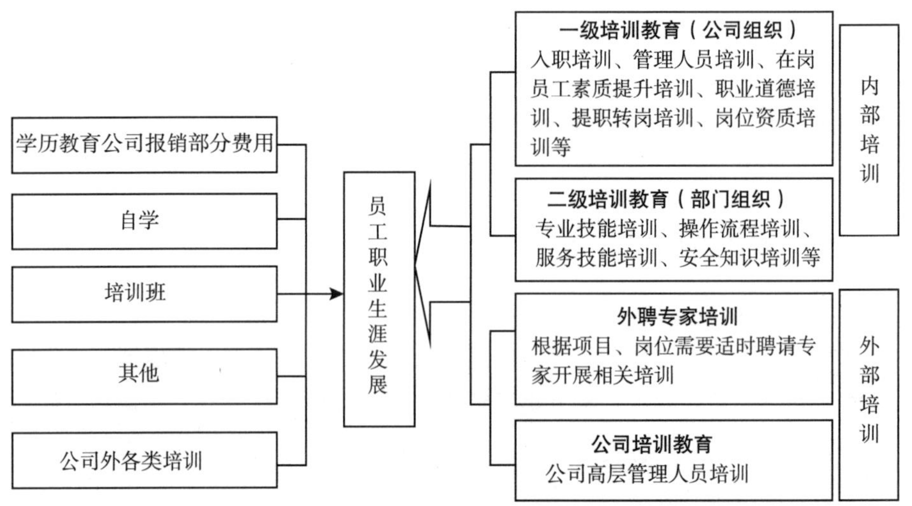

图 9-2　安徽立兴化工有限公司员工培训体系

二、员工的职业生涯通道

为了更好地指导员工职业发展，并为公司发展快速配置能力，公司建立了职业发展双通道模式，如图 9-3 所示。

针对车间操作员工，按岗位设定了三个层级的晋升通道，即主操作→班长→车间主任。

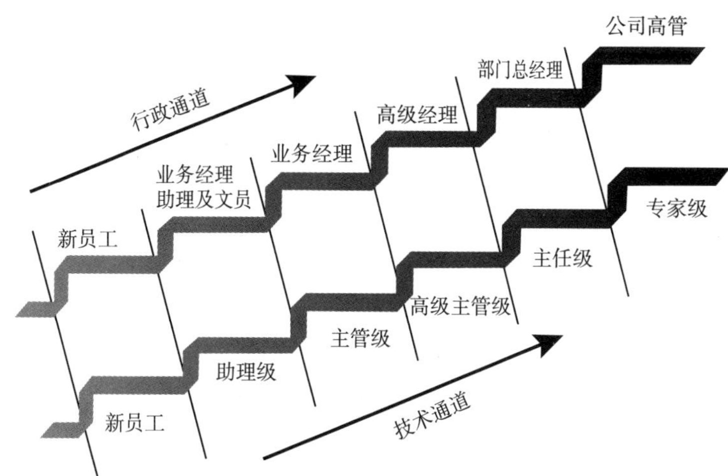

图 9-3　安徽立兴化工有限公司管理系列员工的职业生涯通道

对行政或专业技术职位族，按照能力素质模型（见图 9-4），从知识、技能、胜任力等方面进行分析，得出符合实际的任职条件。

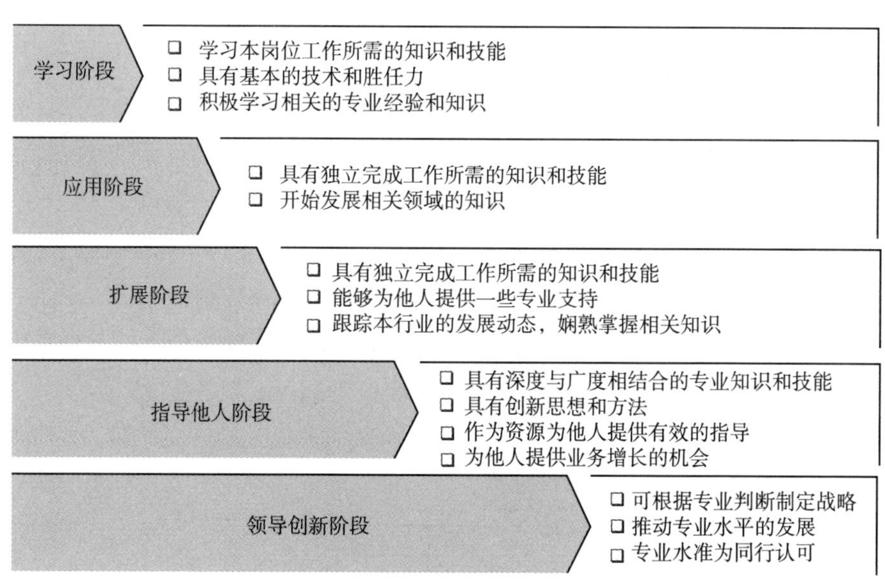

图 9-4　安徽立兴化工有限公司人员能力素质模型

为满足公司快速发展需求和鼓励有潜质的员工快速发展，公司还设置了快速成长通道，即制订了干部及关键岗位人才的继任和培养考察计划。一般来说，在快速成长通道的员工其晋升的机会更多些，晋升的时间相对较短些。

总之，公司通过建立能力素质模型及打开行政技术双通道，实现员工“心有多大，舞台就有多大”“力有多大，贡献就有多大”的职业发展目标。

公司制定了《管理人员选拔任用办法》，建立了科学的后备干部选拔、培养、任命、考核等机制，通过建立公开、公平、公正的人才选拔机制，有针对性、前瞻性地开展人才梯队建设，为公司的快速发展培养储备合格的管理干部及管理专家，支撑公司战略达成。

第四节　绩效与薪酬管理

一、绩效管理

绩效管理是指各级管理者和员工为了达到组织目标共同参与的绩效计划制订、绩效辅导沟通、绩效考核评价、绩效结果应用、绩效目标提升的持续循环过程，绩效管理的目的是持续提升个人、部门和组织的绩效。

公司领导推行卓越绩效管理，通过对员工绩效的 PDCA 循环管理（见图 9-5），强调绩效审计和过程沟通以及多种激励方式应用，建立了以顾客和业务为导向的绩效管理系统。采用 PDCA 对生产工艺、内部流程、营销模式持续改进，完善公司管理机制。公司领导注重执行力，将目标细分到部门、班组，设立了清晰的一体化管理指标以及实现目标的进度计划，针对不同的指标进度计划进行总结与分析。以结果、绩效为导向，建立有效的绩效激励机制，兑现奖惩，提高执行力。

作为绩效管理的配套措施，公司制定了《员工奖惩办法》，通过实施多样化的精神嘉奖、物质奖励等手段，牵引员工“以顾客为关注焦点”，大胆创新、敢于承担，不断超越顾客的期望，推动公司核心价值观的深入传播，

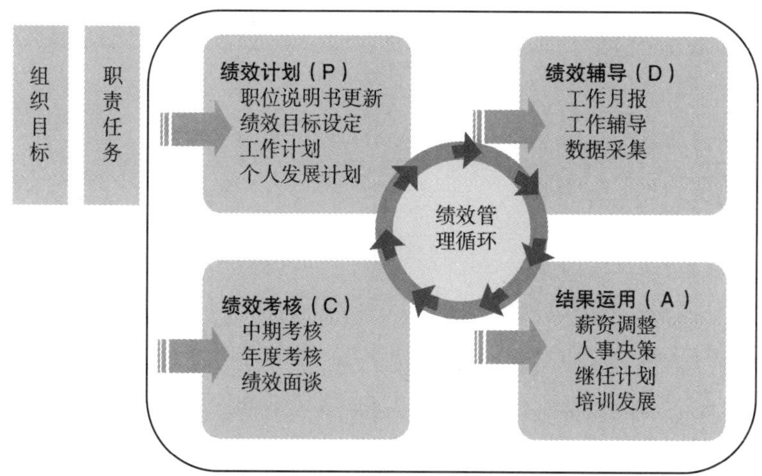

图 9-5　安徽立兴化工有限公司绩效体系运作流程

提升了公司的核心竞争力。

立兴化工在进行部门和员工绩效目标设定时，突出有关顾客为中心的指标，用顾客满意度、顾客有效投诉率等指标强调相关业务指标的设计和分解。通过对员工绩效的 PDCA 循环管理，强调绩效管理过程监控和绩效沟通以及多种激励方式的应用，督促员工落实到行动中。此外，根据公司实际，在战略实施的关键周期，由董事会批准实施《人员绩效激励优化方案》，极大地激发了员工以业务为导向的工作能动性。

改进和控制是衡量企业运行的两大要素，为达到改进绩效的目的，公司制定了《岗位绩效考核办法》，并实施目标管理法、关键业绩指标法等管理方法，将这些管理方法与过程管理有机地统一起来，提高企业的绩效。改进关键过程的总体方法主要有业务上使用供应链合成管理方法、人力资源上使用平衡记分卡管理方法、生产现场实行“5S”管理法。

公司学习和共享知识资产的总体方法主要有下行沟通、上行沟通、建立申诉制度、建立建议制度、建立汇报对话制度、建立例会制度、建立工作研讨制度等，方式有工作汇报方式、督办检查方式、会议集中反馈方式、统计报表反馈方式以及企业内部局域网互查方式等，公司已形成一套行之有效的绩效改进系统，有力地促进了企业的持续、健康、稳定发展。

二、薪酬管理

薪酬管理是指在组织发展战略指导下，对员工薪酬支付原则、薪酬策略、薪酬水平、薪酬结构、薪酬构成进行确定、分配和调整的动态管理过程。

公司按照“按劳分配、多劳多得”的分配原则，根据员工的岗位、职责、能力、贡献、表现等情况综合考核其工资。员工的工资由公司办公室通知财务部门发放。公司鼓励员工积极向上，多做贡献，员工表现好或贡献大的，所在部门将材料报公司办公室，经总经理批准后予以提级及奖励。公司管理层（车间主任以上）实行年薪制，按季度考核，薪酬由“基本工资+考核工资+奖励工资”组成，其中基本工资与考核工资的比例为3∶2，考核工资由部门主管根据工作进展、工作态度及团队协作等考评决定。目前，公司薪酬待遇总体上位于全县中上等水平，员工劳动强度较小。

为严明纪律，奖励先进、处罚落后，调动员工积极性，提高工作效益和经济效益，公司制定了相应的奖惩制度，并由公司办公室负责监督制度的贯彻实施。对员工的奖惩实行以精神鼓励和思想教育为主、以经济奖惩为辅的原则。

第十章　财务管理

第一节　公司基本财务状况

一、资产负债表统计

（一）资产状况

安徽立兴化工有限公司 1992~2016 年资产总额如图 10-1 所示。

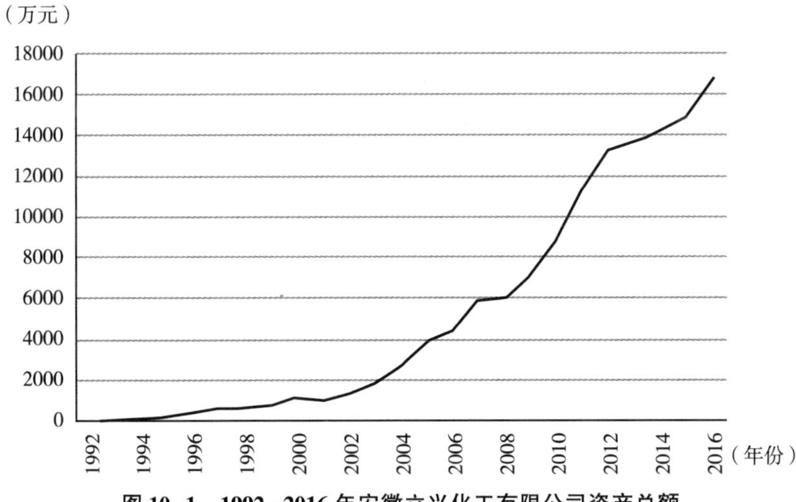

图 10-1　1992~2016 年安徽立兴化工有限公司资产总额

资料来源：安徽立兴化工有限公司历年主要财务指标。

截至 2016 年底，安徽立兴化工有限公司资产总额达 16763 万元。公司 2012~2015 年资产状况如表 10-1 所示。

表 10-1 2012~2015 年安徽立兴化工有限公司资产状况

单位：万元

指标	2012 年	2013 年	2014 年	2015 年
流动资产	6452	6277	6909	7438
长期投资	1325	1325	1438	1560
固定资产	4309	4796	4574	4619
无形资产及其他资产	1181	1254	1247	1230
总资产	13266	13652	14168	14849

（二）所有者权益及负债状况

安徽立兴化工有限公司 1992~2016 年负债总额如图 10-2 所示。公司 2012~2015 年负债及所有者权益状况如表 10-2 所示。

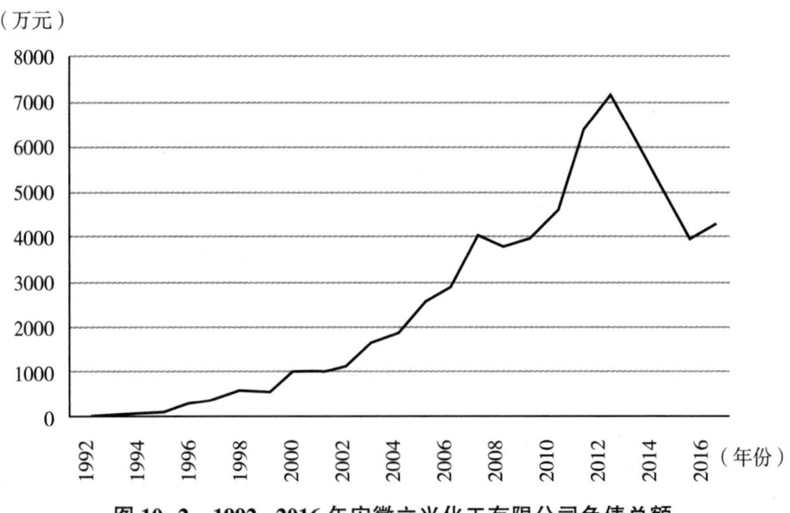

图 10-2 1992~2016 年安徽立兴化工有限公司负债总额

资料来源：安徽立兴化工有限公司历年主要财务指标。

截至2016年底，安徽立兴化工有限公司负债总额4304万元，资产负债率达25.68%。

表10-2　2012~2015年安徽立兴化工有限公司负债及所有者权益状况

单位：万元

指标	2012年	2013年	2014年	2015年
流动负债	4290	1601	2132	1790
长期负债	2900	4470	2860	2230
负债合计	7190	6071	4992	4020
所有者权益	6076	7581	9176	10829

二、利润表统计

安徽立兴化工有限公司1992~2016年利润如图10-3所示。公司2012~2015年利润统计如表10-3所示。

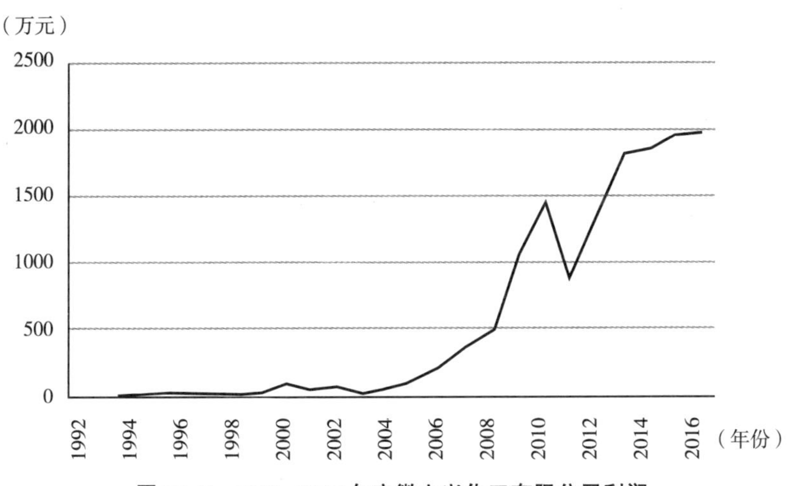

图10-3　1992~2016年安徽立兴化工有限公司利润

资料来源：安徽立兴化工有限公司历年主要财务指标。

表 10-3　2012~2015 年安徽立兴化工有限公司利润统计

单位：万元

指标	2012 年	2013 年	2014 年	2015 年
营业收入	17804	19127	20086	21276
营业成本	14174	14638	15491	16716
利润总额	1320	1816	1855	1947
净利润	1118	1545	1596	1687

从表 10-3 中可以看出，近几年来公司生产经营状况良好，2012~2015 年连续 3 年主营业务收入递增，在全国同行业中处于领先地位，企业经济效益持续稳定增长。

2016 年公司实现产值 2.57 亿元，销售 2.436 亿元，其中直接出口 1095.3 万美元，同比增长 9.23%，缴税 1610 万元，同比增长 20.23%，圆满完成了年初制订的计划。

三、现金流量统计

安徽立兴化工有限公司 2012~2015 年现金流量统计如表 10-4 所示。

表 10-4　2012~2015 年安徽立兴化工有限公司现金流量统计

单位：万元

指标	2012 年	2013 年	2014 年	2015 年
经营活动产生的现金流量净额	413	1101	1770	2733
投资活动产生的现金流量净额	-1066	-886	-310	-501
筹资活动产生的现金流量净额	718	-160	-1847	-1506

四、公司经济效益的主要测量指标

公司通过确定财务绩效的主要测量指标及其当前水平和趋势，并与竞争对手标杆相比，以反映公司在同行业中的水平。

财务结果的测量指标有：主营业务收入、利润总额、总资产贡献率、资产负债率、成本费用利用率等综合指标，指标数据详见表10-5。从表10-5中可以看出，2011~2014年，公司收入、利润等指标逐年上升，资产负债率逐年下降，说明流动资金周转越来越快，收入稳步增加，利润逐年提高，资产发挥效益，企业正步入快速发展阶段。

表10-5 2011~2014年安徽立兴化工有限公司主要经济效益指标

序号	项目	单位	2011年	2012年	2013年	2014年
1	资产总额	万元	11391	13266	13652	14168
2	主营业务收入	万元	17102	17804	19127	20085
3	投资收益	万元	1280	1536	1408	1408
4	营业外收入	万元	101	11	14	12
5	利润总额	万元	873	1319	1816	1855
6	纳税总额	万元	1042	1020	1179	1204
7	销售额	万元	17102	17804	19127	20085
8	创汇总额	万美元	756	978	1049	1091
9	总资产贡献率	%	20.05	21.35	25.88	24.5
10	资本保值增值率	%	16.38	21.80	24.76	21.03
11	资产负债率	%	56.21	54.1	44.46	35.23
12	流动资金周转率	次	3.95	3.02	3.01	3.04
13	成本费用利润率	%	5.31	7.87	10.36	10.07
14	全员劳动生产率	万元/人	82.6	87.2	93.2	100.8
15	产品销售率	%	99.8	99.6	100.2	99.8

表10-5中，9~15项指标参见原国家经贸委《关于改进工业经济效益评价考核指标体系的内容及实施方案》的要求，指标的内容及计算公式如下：

$$总资产贡献率=\frac{利润总额+税金总额+利息支出}{平均资产总额}\times\frac{12}{累计月数}\times100\%$$

其中，税金总额为产品销售税金及附加与应交增值税之和；平均资产总额为期初期末资产总计的算术平均值。

$$资本保值增值率=\frac{报告期期末所有者权益}{上年同期期末所有者权益}\times100\%$$

其中，所有者权益等于资产总计减负债总计。

$$资产负债率=\frac{负债总额}{资产总额}\times100\%$$

其中，资产及负债均为报告期期末数。

$$流动资金周转率=\frac{销售收入}{流动资金平均余额}\times\frac{12}{累计月数}\times100\%$$

$$成本费用利润率=\frac{利润总额}{成本费用总额}\times100\%$$

其中，成本费用总额为产品销售成本、销售费用、管理费用、财务费用之和。

$$全员劳动生产率=\frac{工业增加值}{全部职工平均人数}\times\frac{12}{累计月数}$$

其中，由于工业增加值是按现行价格计算的，而职工人数不含价格因素，因此应将增加值价格因素予以消除。具体方法可采用总产值价格变动系数消除价格影响。

$$产品销售率=\frac{工业销售产值}{工业总产值(现价)}\times100\%$$

第二节　财务管理制度

为加强公司的财务工作，发挥财务在公司经营管理和提高经济效益中的作用，公司制定了相应的财务管理制度。

一、公司财务部的职能

(1) 坚决服从总经理的指挥，严格遵守国家财务工作规定和公司规章制度，认真履行其工作职责。

(2) 负责制定公司财务、会计核算管理制度。建立健全公司财务管理、会计核算有关制度，督促各项制度的实施和执行。

(3) 负责按规定进行核算。定期编制年、季、月度种类财务会计报表，

搞好年度会计决算工作。

（4）负责编写财务分析及经济活动分析报告。找出经营活动中产生的问题，提出改进意见和建议。同时，提出经济报警和风险控制措施，预测公司经营发展方向。

（5）组织编制公司年度、季度成本、利润、资金、费用等有关的财务指标计划。定期检查、监督、考核计划的执行情况，结合经营实际，及时调整和控制计划的实施。

（6）积极参与公司生产经营决策，为公司的经营出谋划策。

（7）负责公司资金缴、拨、按时上交税款。办理现金收支和银行结算业务。及时登记现金和银行存款日记账，保管库存现金，保管好有关印章、空白收据、空白支票。严格遵纪守法，做到有章必循、有法必依。

（8）负责固定资产及专项基金的管理。办理固定资产的购建、转移、报废等财务审核手续，正确计提折旧，定期组织盘点，做到账、卡、物三相符。

（9）负责流动资金的管理。会同仓库等部门，定期组织清查盘点，做到账、卡、物相符。

（10）负责公司产品成本的核算工作。制定规范的成本核算方法，正确分摊成本费用。

（11）负责进、销物资货款把关。对进、销物资付款要严格审核，货款支付需经总经理审核签字同意，方可支付。

（12）认真完成领导交办的其他工作任务。

二、公司财务部组成及岗位职责

公司财务部由财务部经理、总会计师、会计、出纳组成。各自岗位的主要工作职责如下。

（一）审计（财务部经理）的主要工作职责

（1）认真贯彻执行有关审计管理制度。

（2）监督公司财务计划的执行、决算、预算外资金收支与财务收支有关的各项经济活动及其经济效益。

（3）详细核对公司的各项与财务有关的数字、金额、期限、手续等是否准确无误。

（4）审阅公司的计划资料、合同和其他有关经济资料，以便掌握情况，发现问题，积累证据。

（5）纠正财务工作中的差错弊端，规范公司的经济行为。

（6）针对公司财务工作中出现的问题产生的原因提出改进建议和措施。

（7）完成总经理或主管副总经理交付的其他工作。

（二）总会计师的主要工作职责

（1）编制和执行预算、财务收支计划、信贷计划，拟订资金筹措和使用方案，开辟财源，有效地使用资金。

（2）进行成本费用预测、计划、控制、核算、分析和考核，督促本公司有关部门降低消耗、节约费用、提高经济效益。

（3）建立健全经济核算制度，利用财务会计资料进行经济活动分析。

（4）承办公司领导交付的其他工作。

（三）会计的主要工作职责

（1）按照国家会计制度的规定，记账、算账、报账做到手续完备，数字准确，账目清楚。

（2）按照经济核算原则，定期检查，分析公司财务、成本和利润的执行情况，挖掘增收节支潜力，考核资金使用效果，及时向总经理提出合理化建议，当好公司参谋。

（3）妥善保管会计凭证、会计账簿、会计报表和其他会计资料。

（4）完成公司领导交付的其他工作。

（四）出纳的主要工作职责

（1）认真执行现金管理制度。

（2）严格执行库存现金限额，超过部分必须及时送存银行，不坐支现金，不以白条抵押现金。

（3）建立健全现金出纳各种账目，严格审核现金收付凭证。

（4）严格执行支票管理制度，编制支票使用手续，使用支票须经总经理签字后，方可生效。

（5）积极配合银行做好对账、报账工作。

（6）配合会计做好各种账务处理。

（7）完成公司领导交付的其他工作。

第三节　财务管理规范化的措施

近年来，化工企业经营发展所面临的外部市场环境逐步呈现出多变性，企业经营中的外部压力也越来越大，形势的发展要求化工企业必须提高自身应对危机的能力。

财务管理工作是提高企业的营运、盈利能力，改善企业经营状况以及控制企业成本支出的有效手段。化工企业也只有通过规范化的财务管理，尤其是加强成本、预算和资金的管控，不断地提高对自身经济活动的规划、约束，提高资金运转效率，才能实现企业整体经营效率的提升，促进新时期化工企业的稳步健康发展。

一、公司财务规范化管理的目标和要求

规范化的财务管理工作就是在企业战略发展目标基准下，以标准、规范、高效的财务处理业务流程对化工企业的投资、筹资、资金运作以及利润分配等进行的统一管理。

对于安徽立兴化工有限公司而言，效益是企业进行生产经营的基本要求，因此企业的规范化财务管理工作也是围绕着提高企业的效益以及控制财务风险问题开展。特别是在当前，我国化工行业整体前景不容乐观，环境保护对行业压制力度不断提升，市场竞争更加激烈，企业盈利难度不断增加，这就要求企业必须全面提高企业的预算管理水平，进一步完善化工企业的内部控制管理力度，以财务管理为依据对业务运作流程进行优化，同时确保企业生产经营所需资金充足，真正发挥企业财务管理的核心引领作用，确保企业各项工作的稳步有序开展，最终确保企业生产经营目标的实现。

二、企业财务规范化管理的措施

（一）完善企业的财务管理机构设置及制度建设

对于立兴化工的财务管理机构设置，由企业的总经理统一负责，采取独

立核算的管理原则。在财务管理组织机构的设置上，严格遵循不相容职责分离的原则，根据财务人员工作能力和效率确定财务工作职务和具体岗位。同时，根据立兴化工的实际情况，确定财务管理工作规章制度，特别是会计核算管理制度、财务工作保密制度、内部牵制与稽核制度、财产清查制度等，确保公司的财务管理工作的开展有章可循。

（二）强化财务管理工作人员的责任管理

责任管理是确保企业财务管理工作规范化的基础。在财务管理工作人员的责任管理方面，重点是严格执行立兴化工各项财务管理制度和会计核算制度，做好财产清查盘点、开支审核审批、预算编制以及税务处理等工作。对于财务会计岗位，重点是准确完成原始凭证、明细分类账、总账、财务报表的处理与编制，做好财务会计信息数据的查询与会计档案、发票、收据的保管，完成费用、成本、利润、税金的核算、计算和结转。对于出纳工作，则重点是按照规定完成货币资金、库存现金、银行存款、支票、汇票等各种有价证券以及财务印章、收款收据、发票等凭证的登记保管。

（三）提高企业的财务预算管理水平

财务预算既是企业对其内部各种财务资源进行统一分配、考核管理以及规范控制的基础工具，也是组织协调企业生产经营活动的有力手段。

在立兴化工的财务预算管理上，根据企业的战略发展目标以及不同时期的发展规划，重点根据业务预算以及资本预算，围绕实现企业利润收益最大化，以现金流为核心编制。在财务预算管理过程中，由企业内部各部门提供预算计划，由财务部门汇总分析，并根据企业的整体情况进行调整，最后明确企业的财务指标以及具体的财务预算。对于财务预算的执行管理方面，财务预算管理部门必须严格按照预算计划进行费用的审批，并在预算执行中定期检查预算执行情况，对于差异问题及时采取措施进行纠正，预算执行过程中如果需要追加或者调整预算，应由预算管理部门审核后确定。

（四）强化企业的财务内部控制

财务内部控制主要是通过各种政策、制度，以财务制度、预算和各种定额为依据，对财务管理工作进行的规范约束，对于提高企业财务工作的规范化水平也具有重要的作用。

在财务内部控制上，重点是加强以下几方面的控制管理：落实不相容职

务相互分离管理，在企业内部形成财务管理的相互制衡机制；实施授权批准控制，明确资金等财务会计事项的授权批准的范围、权限、程序、责任等；做好凭证控制与例行核对，确保每一项经济业务和会计记录准确无误；完善财产保全控制，通过定期盘点、财产记录、账实核对、财产保险等措施确保财产的安全完整；加强风险控制，建立有效的风险管理系统，采取风险预警、风险识别、风险评估、风险分析、风险报告等全面防范和控制风险问题；实施内部报告控制，全面反映企业的经济活动情况。

（五）提高企业的财务报告与财务分析水平

编制企业的财务会计报告，并定期对企业的经济活动进行评价分析，是改进财务管理工作的基础依据，也是企业高层管理部门进行生产经营决策的重要信息支撑。

对于财务报告的编制，应该按照月度、季度、年度编制各种财务报表和财务情况说明，重点应该涵盖立兴化工的项目开发及经营状况、资金的周转与运用分析、财务的收支状况、物资财产的变动、利润的实现和分配、预算计划和实际的分析对比等内容。对于财务分析工作主要是对各部门预算执行情况，销售收入、成本、费用、利润、现金流量情况，货币资金、存货、应收款项等重大资产项目及负债情况，资产流动性、资金周转、偿债能力、收益能力等内容，及时地进行总结分析，明确财务工作中的问题，并有效地制定解决措施。

第十一章　企业文化建设

第一节　企业文化概述

一、企业文化的含义

企业文化，或称组织文化，是在一定条件下，企业生产经营和管理活动中所创造的具有该企业特色的精神财富和物质形态，它包括文化观念、价值观念、企业精神、道德规范、行为准则、历史传统、企业制度、文化环境、企业产品等。

企业文化是企业软实力的重要标志，是企业核心竞争力的重要组成部分，是企业发展过程中不可或缺的精神力量。企业文化是企业的灵魂，是推动企业发展的不竭动力。有句话说得很深刻，“三年企业靠资本，十年企业靠管理，百年企业靠文化”，资本使企业做大，管理使企业做强，文化使企业做久。在经济全球化不断加快的今天，企业文化不仅是企业综合实力的体现，是一个企业文明程度的反映，也是知识形态的生产力转化为物质形态生产力的源泉。翻开中外企业的发展史，不管是世界500强企业还是中国比较优秀的企业，但凡比较成功的企业，都有自己的企业文化，如海尔“卖信誉不卖产品”、华为“资源是会枯竭的，只有文化才会生生不息”等。优秀企业文化作为企业的个性与品格，已经根植于企业的方方面面，成为企业决胜千里、基业长青的利器。

二、企业文化对企业发展的意义

企业文化能激发员工的使命感。不管什么企业都有它的使命和责任，企业使命感是企业全体员工工作的目标和方向，是企业不断发展的动力之源。

企业文化能凝聚员工的归属感。企业文化的作用就是通过企业价值观的提炼和传播，让一群来自不同地方的人共同追求同一个梦想。

企业文化能增强员工的责任感。企业要通过大量的资料和文件宣传员工责任感的重要性，管理人员要给全体员工灌输责任意识、危机意识和团队意识，要让大家清楚认识企业是全体员工共同的企业。

企业文化能赋予员工荣誉感。每个人都要在自己的岗位、工作领域，多做出贡献，多做出成绩，多追求荣誉感。

企业文化能实现员工的成就感。一个企业的繁荣昌盛关系到每一个员工的生存，企业繁荣了，员工会引以为豪，会更加积极进取，荣耀越高，成就感就越大、越明显。

第二节　企业文化的内容

一、以蓝色和白色为主色调的企业文化

历经 20 年的沉淀，立兴化工形成了以蓝色和白色为主色调的企业文化。蓝色非常纯净，通常让人联想到海洋、天空、水、宇宙，纯净的蓝色表现出一种美丽、冷静、理智、安详与广阔，其沉稳的特性，具有理智、准确的意象，给人以清新，使人平静，趋于自然。白色代表纯洁，象征着圣洁优雅，寓意着公正、纯洁、端庄、正直、超脱凡尘与世俗的情感，同时白色也是徽派建筑的主色调。

立兴化工的 Logo（见图 11-1）正是以白色和蓝色为主，上部分图案像是蓝天白云，下部分像是大海小溪，都表达了一种对纯净的追求和向往。作为一家化工企业，必然会产生废水、废气、废渣，污染环境，而立兴化工努

力追求的正是环保以及人与自然的和谐发展。同时，Logo 的上下两部分又像是两只手握在一起，一方面，象征着立兴人的团结奋进、上下一心、共同奋斗的精神；另一方面也是连接企业与客户的一双手，象征着立兴重视客户的价值和感受，与客户一起携手前进。

图 11-1　安徽立兴化工有限公司 Logo

走进立兴化工，你会看到蓝顶白面的仓库、车间，你会看到白墙上面的蓝色标语：勤奋立业、科技兴企、绿色经营、持续发展。飘扬的厂旗是蓝底白字，工人们的工作服也都是蓝色的——冬服是深蓝色、夏服是浅蓝色。除了一些必需的起警示作用的地方用红色、黄色外，都是蓝白的搭配，包括公司的官方网站以及微信平台的色调。

二、立兴化工的企业文化体系

立兴宗旨：勤奋立业、科技兴企、绿色经营、持续发展。

立兴理念：团结、敬业、创新、诚信、服务。

立兴精神：脚踏实地的工作精神、全心全意的服务精神、与时俱进的创新精神。

立兴愿景：为员工创造财富、为社会创建和谐、铸造驰名品牌、成就百年立兴。

经营理念：市场第一、客户至上。

生产理念：优质、环保、标准、安全、节约。

技术理念：以技术引导市场、以技术服务市场。

人才理念：德才兼备、岗位成才。

管理理念：以人为本、文化引导、制度为纲、公平公正。

立兴五心：忠心、事业心、责任心、上进心、感恩心。

立兴价值观念：立兴富有前途、员工富有个性、个人富有回报。

立兴道德规范：企业奉献社会，员工忠于企业。信任人，同时取信于人；尊重人，同时也要自尊。

第三节　企业文化的构建

一、源于管理层的企业文化构建

自诞生之日起，立兴化工就把“科技创新”作为企业技术进步的核心动力，依托科技创新谋划发展大计。在一轮又一轮经济转型、产业升级的浪潮中，立兴人磨砺拼搏创大业。20 多年来，安徽立兴化工有限公司从只有一间小厂房和几百平方米场地的小化工厂，发展成为集生产经营和产品研发于一体、拥有自营进出口权的精细化工产品专业生产企业，立兴化工以奋斗、责任与感恩为核心文化价值观的企业文化、有口皆碑的专业产品质量和诚信、贴心的客户服务，赢得了广大客户的信赖和赞誉，铺就了一张覆盖全国 20 多个省（市、自治区）及欧、美、日、韩和东南亚等国家、地区的全球销售网络。

在确定和贯彻价值观时，立兴化工领导层结合企业的历史沿革、行业特点、内外部环境等实际情况，考虑到了以下几方面的要求：以顾客为导向追求卓越；科学发展观；企业的成长和个人的学习；尊重员工和合作伙伴；关注未来；管理创新；基于立兴道德规范、什么是立兴人、立兴精神等一系列的立兴文化纲领。企业成立之初就确立了“勤奋立业、科技兴企、绿色经营、持续发展”的企业理念。在 20 多年的发展历程中，立兴化工的企业文化经历了一个从无意识到有意识、从不系统到系统、从优秀到卓越的过程，达到了“内化于心、固化于制、外化于行”的境界，最终形成了“理想与愿景的一致、核心价值观的一致、战略上的一致、行动上的一致”——

“四个一致”的文化特征。

立兴在发展经济的同时，高度重视企业文化建设，牢牢树立“用文化管企业”“以文化兴企业”的理念。通过宣传引导、树立典型、交流研讨、参观考察、现场推进会、丰富载体和党建带动等措施，引导企业经营者和员工拓宽视野、转变观念，实现从经验型向知识型、从企业型向事业型、从本土型向国际型的提升，以自觉的文化战略眼光，引领和推动企业加强精神文化、和谐文化、幸福文化、企业家文化、责任文化和绿色文化建设，为企业凝聚发展正能量、提升软实力奠定了坚定的基础。

企业领导层通过有效的传播机制和各种方式，使企业文化在企业内外得到顺畅的沟通和传播，利用班组和部门会议、员工代表座谈会、立兴简报、企业网站、宣传栏等形式传播企业文化，使企业的使命、愿景、价值观和经营理念深入人心，得到股东、员工和社会各界的认同和赞许。同时，企业领导以身作则、身体力行落实价值观和经营理念，如 2008 年国际金融危机来临时，企业领导未雨绸缪，采取切实有效的措施，抵御了金融危机的冲击，把职工的利益放在第一位，实现了“不裁员、不减薪、不降福利”，并想方设法保增长、促发展，展现了企业领导强烈的自信心和责任心。

立兴将一如既往地发扬他们的企业精神：脚踏实地的工作精神、全心全意的服务精神、与时俱进的创新精神，继续稳步经营战略，加快产品的研发，加强产品的创新，不断优化和完善自身的供应链体系，发挥多元化优势，提升企业的综合竞争实力。

二、源于以人为本的企业文化构建

员工是企业最核心的资源，立兴化工倡导“家文化”，坚持以人为本。把企业构建成和谐的大家庭，就是要使企业与员工实现和谐的平衡，对员工进行心灵管理。只有员工的心里充满爱，员工的行为才会表现出对他人的关心、对工作的责任心、对事业的倾心以及解决问题的耐心和恒心，才会考虑他人和社会的未来，才有可能产生有价值的战略思想，才有可能为实现企业的远景而不断萌生创新意识，才会将企业的规章制度变成自己的自觉行动。正如麦奎尔所说：“优秀的企业领导者是用情感、心灵来管理企业的。”

立兴化工“家文化”的内涵主要体现在“家和”上。“家和”是指家文化的和谐观，这是家文化追求的理想境界。“家和”是家文化的精髓，不仅是艺术化、外部化的审美追求，而且是伦理化、内部化的价值观念。“家和”以“和”文化为理论基础，追求员工之间和睦、互助、共进的氛围，“家和”既强调员工个性，又强调员工与企业之间的和谐，从而使企业形成团结、凝聚、协调的整体。在企业内部，“家和”需要领导者（家长）与员工（家庭成员）建立共同愿景，同时倾听员工声音，与员工沟通，处理好小家、大家、万家和国家的关系。在企业外部，企业要与相关企业竞合。只有“家和”才能内和外顺，企业才能适应不断变化的内外部环境，提升企业经营业绩。和在家和，和在亲缘，和在心灵，和在品德，和在行动，和在文化。

“家文化”是立兴化工最鲜明的企业文化。“企业是大家伙儿的”，汪董事长与员工聊天时经常这样说，“只要我们心往一处想，劲往一处使，就没有克服不了的困难，我们这个大家庭也一定会越来越美好。”在立兴化工，“家文化”就是企业文化，员工的发展就是企业前进的动力，家就是企业文化遵循的根，成为消除彼此差异、形成思想共识的有力武器。身处立兴化工，我们时时刻刻会感受到一种由内而外的自信与激情，一种全员上下同心同德、团结奋进、自强不息的精神面貌。

在董事长汪德林的成长历程中，家庭对他有着相当巨大的影响，正是父母的一言一行影响着他如何做人做事。立兴的福利很好，即使一个普通员工工资待遇在当地也属于中上等水平，员工家里有困难、孩子上学教育、节假日福利等平常的事情，在董事长心里都是大事，员工们既感亲切，又享受温暖。董事长以及管理层对员工的关爱，对社会责任的勇于担当，企业的员工都看在眼里，也感动在心里。在这里，员工们既有思想上的进步飞跃，又能充分感受家的温馨，还可以站到一个较高的干事创业平台上。从“小家”到“大家”，是立兴化工思想建设、发展历程中的一次飞跃。正是这个家，让员工更具凝聚力和战斗力，让企业有了更强的核心竞争力，从而也让市场得到了更多的活力。

三、源于开拓创新的企业文化构建

创新是引领发展的第一动力，也是企业追求的永恒主题，没有创新就没

有超越。从某种意义上来说，创新是所有优秀企业的文化核心。创新是立兴人骨子里的基因，是公司持续发展、转型的关键，也是公司长足发展的“生命之源”。

领导人的素质对于一个企业是至关重要的，“领头羊”对于员工的榜样作用是非常关键的。企业家是企业文化主旨的设计者，是企业文化的塑造总结者，是企业文化的积极倡导者，是企业文化更新和转换的积极推动者。从某种意义上说，企业文化是企业家的文化，是企业家的人格化，是其事业心和责任感、人生追求、价值取向、创新精神的综合反映。从企业文化创新过程可以看出，企业文化创新是一个自上而下的过程，企业高层领导者在企业文化创新中起着至关重要的作用。

立兴化工的董事长汪德林在企业成立之初，就格外重视创新。他深知产品技术含量和产品质量是企业赖以生存和发展的基础，产品和技术的创新对企业的发展具有至关重要的影响。为此，他提出了“依托高校、科技创新、求真务实、稳健经营”的发展思路，他亲临多所高校商谈技术合作、寻求开发新产品之路。在他的不懈努力下，企业先后与南京大学、陕西科大、华东理工大学等高等院校建立了紧密的合作关系，为企业长远发展提供了强有力的保证，同时也为企业文化的构建深深打下了创新的烙印。按照企业发展的战略要求，企业先后投入 5000 多万元科研开发专项资金，组建了由 5 名行业专家主持的省级企业技术中心，承担和完成了国家火炬计划项目 1 个、省级科研项目 2 个，已获专利 5 项，初步形成了产学研相结合的技术创新体系。

在企业创新发展战略上，立兴化工坚持稳中求进、创新驱动。企业领导层致力于创建可持续发展的组织，加强各方面创新。注重管理创新，积极进行流程再造，发挥团队协作能力；注重技术创新，积极引进国际领先水平的生产设备和生产技术，通过设备更新换代、工艺技术创新等措施不断为市场、顾客提供高质量满意产品；注重产品创新，着力对现有生产工艺进行改进、产品结构进行优化，始终以顾客为中心，以创新的思路不断加大产品的研发力度，不断推出新产品，提高产品档次，做“高、精、尖”产品，提高产品市场竞争力；注重服务创新，主动上门为顾客解决产品应用过程中出现的问题，为顾客提供整体解决方案，最大限度满足顾客需求；注重营销创新，充分整合内部资源，形成“大营销”模式。

员工是创新的源泉，公司通过发挥全体员工的积极性、创造性，提高全体员工的技术、管理、经营水平，不断完善公司的经营、管理体系，实行多种形式的责任制，不断壮大公司实力和提高经济效益。公司提倡全体员工刻苦学习科学技术文化知识，为员工提供学习、深造的条件和机会，努力提高员工的素质和水平，造就一支思想和业务过硬的员工队伍。鼓励员工发挥才能，多做贡献，对有突出贡献者，公司予以奖励、表彰。为员工提供平等的竞争环境和晋升机会，鼓励员工积极向上。倡导员工团结互助、同舟共济，发扬集体合作和集体创造精神。鼓励员工积极参与公司的决策和管理，欢迎员工就公司事务及发展提出合理化建议，对做出贡献者公司予以奖励、表彰。尊重技术人员的辛勤劳动，为其创造良好的工作条件，提供应有的待遇，全力解决员工后顾之忧。为员工提供收入和福利保证，并随着经济效益的提高而提高员工各方面的待遇。为调动企业全体员工的创新意识和工作积极性，充分发挥集体智慧，鼓励员工关注创新、思考创新、开展创新，加快企业的发展步伐，提高企业可持续发展的核心竞争力，立兴着力制定了创新奖励，包括科技创新奖、管理创新奖、合理化建议奖。

四、源于风险意识的企业文化构建

狠抓安全生产、强化风险意识是立兴企业文化的鲜明特色。没有安全、环保的保证，就没有企业的生存发展。立兴化工自成立以来历时 20 多载，其间从未发生过一起安全事故，主要是因为企业对安全环保工作格外重视，对化工行业存在的风险格外警惕，时刻保持警钟长鸣，牢牢树立忧患意识。

公司实行全面落实安全环保责任制度，通过层层签订安全环保责任书，明确企业各层级管理人员以及各岗位员工的安全、环保职责，强化“管生产必须管安全环保，管业务必须管安全环保”的基本原则，从制度上保障“谁主管，谁负责”的区域安全环保责任制度，并将其逐级落实到每一个部门、每一个岗位、每一个员工，大家共同履行安全生产和环境保护管理职责。同时推出“安全环保即时奖励”举措，积极引导从“要我安全”向“我要安全”的观念转变。

具体措施包括以下几点：

第一，以安全环保部为主的各相关部门要召开专门会议研究讨论公司生产工艺的各个环节存在哪些重大危险源和重大环境因素，一一列出进行重点监控，要确定专人负责，做到每日必查、细查、真查，不走过场，及时发现问题并有效解决，防患于未然。及时发现事故隐患、应急救援措施落实、及时制止违章和失误操作、关键时刻避免重大事故的发生等。凡在第一时间内发现、处理或提出安全环保隐患有贡献的，即时上报，立兴会予以奖励并通报全体员工，增强了员工的安全环保责任意识和主观能动性。实施安全环保每月奖励机制，逐月考核并奖励，特别是在加大车间班组长安全环保责任的同时实现奖惩分明，高奖励、高惩罚，确保全年安全生产、环境保护目标的实现。

第二，以生产部为主的各相关部门结合公司生产工艺特点，认真修订安全生产操作规程，确保科学性和可操作性，各车间组织员工进行学习，确保每位员工都熟知本岗位的操作规程，在车间日常管理中，加强管理、加强监督，杜绝违章指挥、违章操作。

第三，加强对员工的安全、环保知识教育培训工作和各种应急预案的演练，使每位员工自觉做好安全、环保工作。以安全环保部为主，其他部门协助，全年组织不少于 3 次的安全、环保教育培训和各种应急预案的演练，培训内容结合公司生产实际和物料性质（物理化学性质、危险性、毒害性等）进行针对性培训，不走过场、不脱离实际，确保培训效果，让每位车间员工都知晓各自的岗位上存在哪些重大危险源和重大环境因素，平常巡查必须重点关注。预案演练让员工亲自动手操作，熟练掌握各种应急器材的使用方法、各种事故的处置方式。

立兴化工用文化创造价值，牢牢坚持安全环保工作，强化企业安全环保意识，最大限度降低企业风险。企业的安全健康发展离不开员工的共同努力，企业安全文化的形成与发展更离不开企业文化的支撑与包容，安全文化传承着文化的核心内涵，是企业安全工作中共有的价值取向和行为方式的有机组成，更是企业在长期的安全管理工作中，管理人员辛勤汗水的见证。安全文化只有全体职工在岗位中与时俱进地提高自身素质，提升安全意识，自觉养成安全习惯，努力构建成“共同安全”的格局，才能形成更加科学先进的安全文化。

第十二章 企业的社会责任

企业的社会责任，是指企业在创造利润、对股东和员工承担法律责任的同时，还要承担对消费者、社区和环境的责任。企业的社会责任要求企业必须超越把利润作为唯一目标的传统理念，强调要在生产过程中对人的价值的关注，强调对环境、消费者、社会的贡献。随着经济和社会的进步，企业不仅要对营利负责，而且要对环境负责，并承担相应的社会责任。除赚钱之外，企业还应该服务社会、创造文化、提供就业机会、把高质量的产品和服务以最低的价格提供给消费者。这些都是企业应该具有的目标，也可以说是企业的使命。一个企业如果从管理层到普通员工都能形成这样的责任感，那么这个企业最终一定会有大的发展。仔细研究那些世界著名企业，我们会发现，任何一家企业都不是以营利为自己的最高使命，它们大多以服务社会、造福人类、改变生活之类的崇高使命作为自己企业文化的核心。责任感并不仅仅是企业的事情，企业的所有事情最终都要落实到每个员工身上。使命感是员工前进的永恒动力。工作绝对不仅仅是一种谋生的工具，即使是一份非常普通的工作，也是社会运转所不能缺少的一环。

中国有句古话："天下兴亡，匹夫有责。"这句话讲的就是每个人都应该对国家和社会有一种责任感。作为社会的一员，所有的行为都要对社会和国家负责，这是做人最起码的准则。同时，一个人还要对自己负责，对家庭负责，对工作负责，对企业负责，对社会负责，最终企业也要对社会负责，从而形成企业的社会责任感。

安徽立兴化工有限公司在致力于自身繁荣发展的同时，始终不忘应尽的社会责任，不但用赤诚之举感动了员工，更用反哺之举感动了社会。多年来，公司以具体行动奉献爱心，积极支持文化、教育、老年人福利等社会公益事业，努力回馈和造福社会，致力于和谐社会建设，累计捐资超 200 万元。四川汶川大地震、青海玉树地震、舟曲泥石流灾害，见证了立兴的大爱之举，社会主义新农村建设捐资助学、扶助弱势群体等，彰显了立兴的博大情怀。

第一节　公司治理

立兴化工一直依照国家法律法规规范营运，恪守董事会和管理层职责，履行披露与透明责任，平等对待相关利益者，实施内控和监督，确保股东、员工、合作方、顾客等利益相关方的利益起到均衡和保护作用。

公司每年聘请第三方专业审计机构对企业进行完全独立的审计，营运公开透明，接受质量、消防、安全、卫生和环保等政府部门的监督检查，支持其将检查结果向社会公布。公司秉承守法经营的理念，勇于承担社会责任，依法纳税。

立兴化工坚持科学发展、强化以人为本、促进社会和谐。公司高度重视安全生产和环境保护工作，并始终将其摆在首要位置。公司发展紧扣安全环保工作目标，扎实开展工作，促进了安全发展、清洁发展，把所有与生产经营相关的工作，纳入企业安全环保管理范围，多次召开安委会和安全例会，决策部署安全生产重大事项和阶段工作。各部门积极履行安全环保职责，切实落实企业安全生产和环境保护的决策部署，落实责任，加强管理，持续开展安全检查活动，持续进行隐患整改，形成了全员参与、高度重视安全环保工作的良好局面。企业不仅每年投入大量资金进行硬件设施建设，还不断加强对员工的安全知识和操作技能培训，严格要求他们遵守安全操作规程，认真做好自身防护和环境保护工作，绝不允许违章操作和超标排放。历年来，企业从未发生过安全、环保事故，得到了县委、县政府和相关职能部门的充分肯定。

公司牢固树立“团结、敬业、创新、诚信、服务”的理念，评估并确定企业的产品、服务和运营给社会带来的环境保护、能源消耗、资源综合利

用、安全生产、员工职业健康等方面的影响，并针对相关风险，确立满足和超越法律法规要求的关键过程、测量方法和指标，制定相应的对策和改进措施。

公司针对产品质量，制定了《产品检验规程》；针对员工职业健康，制定了《职业病防治计划和实施方案》；针对安全生产和环境保护，制定了《事故应急救援预案》，为消除火患配备各类灭火器 200 个、消火栓 15 个、消防水带 800 米，设置 50 个事故照明灯，建有 500 吨消防水池 2 个，200 立方米的环保事故处理应急池一个。完善了一整套预防和识别企业相关业务法律风险的关键控制点，并推行安全标准化工作。

公司始终把环境保护和节能减排作为提高竞争力和履行社会责任的一项长期的、战略性的工作。废水处理达标排放；固废物委托具备资质的外部企业处理回收利用。每年在能源利用、工艺改进等环节的环保投入超过 400 万元。公司积极采用先进标准和节能技术，淘汰能耗高、污染高的工艺设备，推行清洁生产，严格按照规定进行“三废”（废气、废液、废渣）达标排放，确保工作环境安全达标。

企业每年组织一次针对全部管理流程的内审，每年聘请 CQC 对质量管理、职业健康安全、环境管理体系进行监督审核。针对环境保护、能源消耗、资源综合利用、安全生产、职业健康等方面影响的应对和办法有 GB/T24001—2004、GB/T28001—2011 等。

在职业道德方面，企业行为以诚信准则等道德规范为标准，并确立了监测组织内部、与主要合作伙伴之间以及企业的管理中行为道德的主要过程及测量方法和指标。

第二节 保护环境

生态文明，关系人类福祉和未来。面对资源约束趋紧、环境污染严重、生态系统退化的严峻形势，立兴化工秉持尊重自然、顺应自然、保护自然的生态文明理念，坚持节约优先、保护优先、自然恢复为主的方针，着力推进绿色发展、循环发展、低碳发展，创造良好生产生活环境，为全球生态安全做出贡献。

保护环境，就是发展企业生产力。立兴化工在生产发展中坚持贯彻环境保护这一基本国策，坚持预防为主、防治结合的方针。自觉遵守国家的《安全生产法》《环境保护法》、执行《中华人民共和国水污染防治法》《中华人民共和国固体废物污染防治法》《中华人民共和国大气污染防治法》《中华人民共和国国务院建设项目环境保护管理条例》《关于环境保护若干问题的决定》《排污费征收使用管理条例》等相关法律法规。执行国家环境报告书制度、"三同时"制度及国家排污申报和污染物排放许可制度。确保污水处理后符合 GB 8978—1996《污水综合排放标准》一级标准排放，符合绩溪县环境保护局 COD 总量控制指标限值的要求；锅炉尾气排放符合 GB 13271—2014《锅炉大气污染物排放标准》，并符合绩溪县环保局下达的 SO_2 和烟尘排放总量限值；危险废物执行 GB 18597—2001《危险废物贮存污染控制标准》；厂界噪声执行 GB 12348—2008《工业企业厂界环境噪声排放标准》3 类区排放限值；制定事故应急预案，并配套了相应的设施，避免了事故性排放对环境产生的风险，使环境风险控制在可接受水平，做到了经济效益、社会效益和环境效益的统一。

公司的环境保护部门是环境保护的办事机构，其主要职责是：发挥管理职能，认真贯彻执行国家及地方政府的环保方针、政策和法规；制订公司的环保规划和目标及全年工作计划；负责全公司环保监督和管理工作。在车间生产方面，公司高度重视环境保护，在"预防为主、防治结合、综合治理"的方针下，开展各项工作，正确处理生产和环保的关系，使两者相互制约又相互促进。通过建立环保目标责任制，各车间部门对本单位环保工作负相应责任，尤其是确保环保设施的正常运行及污染事故的处理。同时建立环保巡查制度，各值班班长交接班记录上会有环保内容，并认真记录环保设施运行台账。对车间设备进行经常性维护，以避免因设备故障造成噪声污染、大气污染和水污染。加强环保档案管理，制定档案管理制度。各部门企业还取得 ISO 9001 质量体系认证、ISO 14001 环境管理体系认证和 OHSAS 18001 职业健康安全管理体系认证，标志着企业一体化管理程序化、规范化。

立兴化工在全县率先取得了省安监局颁发安全标准化三级企业证书，清

洁生产审核工作通过省清洁生产审核专家组的现场验收。企业在环境保护方面做了大量工作：对污水处理做了多处改进，引进了多效蒸发系统，并且每天对厂区外排水进行 COD 检测，确保达标排放，在副产品堆积如山、难以处置的情形下，通过引进设备、不断改进工艺，使副产品得到了妥善处理，确保了企业的可持续发展。努力做到清洁生产，治理好公司的污染源，减少和防止污染物的产生。加强污水治理，减少污水排放量，坚持做好生产废水处理工作。依法治理生产废水、生产废渣综合利用、烟尘治理、防治环境污染、发展清洁生产。完善各项管理制度及硬件设施，实行环境保护目标责任制。组织运营良好，并得到了各主管部门的认可和支持，无任何不良记录。

公司通过不懈努力在切实做好自身安全环保工作的同时，积极对外宣传企业，赢得了各级主管部门的认可和社会的肯定，为企业持续稳定、健康发展创造了良好的外部环境。

第三节　关爱员工

长期以来，安徽立兴化工有限公司实行人性化管理，在促进当地就业的同时，着重打造健康和谐的用人环境。公司致力于保障员工基本权益，搭建员工成长平台，以文化凝聚力量，为百万员工的职业航程扬帆助力。公司严格遵守国际公约和国家法律规定，尊重和维护国际公认的各项人权，自觉抵制任何漠视与践踏人权的行为。

公司严格执行所在地有关劳动用工的法律法规和政策，平等对待各类员工，规范劳动用工管理，建立和谐稳定的劳动关系。落实员工带薪休假制度，尊重员工家庭责任和业余生活，确保工作生活平衡。公司以促进并维护员工良好的身体状态为目标，一直努力减少工作环境对员工健康的负面影响，从源头控制职业健康危害，切实做好工作场所职业危害因素监测、员工职业健康监护、个体劳动防护用品配备以及职业健康教育与培训等工作。

公司定期组织员工体检，竭尽全力解决员工的工作和生活困难，增强了员工的归属感、认同感。公司组织优秀员工赴上海、浙江、厦门等地旅游，并通过开展形式多样的文体活动，丰富员工的业余文化生活，以点滴的人文关怀，增强了团队的整体协作能力。此外，公司还不断畅通员工的培训与晋升渠道。

2015年受国际大环境影响，1月制造业PMI指数跌破荣枯线，跌至49.8，为最近28个月的最低点。越来越多的头牌外资企业开始加速撤离中国。许多中小企业都濒临倒闭，大量工人失业下岗，中国面临着制造业倒闭潮和失业潮双面夹击的局面。在此情形下，立兴化工依然保持了一定程度的增长，企业高层制定了确保员工不失业、收入不减的方针，保障员工的福利和“饭碗”，这对于成长中的立兴化工实属不易，这足以证明公司管理层对企业发展的预测是准确的，对企业所处环境的认识是到位的，决策是正确的，展现了公司领导强烈的自信心和责任心。

公司员工的社会保险进一步完善，工作环境进一步改善，福利待遇显著提高。一方面，为维护员工参加社会保险和享受社会保险待遇的合法权益，消除员工的后顾之忧，公司于2016年全面规范了员工各项社会保险。2016年企业全年缴纳养老保险费188万元，工伤保险费10.4万元，2016年5月开始参加职工医疗保险，缴纳保险费40万元，2016年9月开始参加失业保险，缴纳保险费3.5万元，2016年全年缴纳四险合计241.9万元。另一方面，企业不断加大投入，改进工艺和提高机械化水平，切实改善了员工工作环境，降低了员工劳动强度，最大限度地保护了员工的身体健康。企业在发展的同时，员工的福利待遇也得到明显的提高。

立兴化工始终关注和关爱每位员工的工作、生活状况及身体健康，与员工一起分享企业发展成果，同时激励员工心系企业，勤奋工作，做到“爱厂如家，与企业共命运、同发展”。

第四节　奉献社会

一个企业在自身得到长足发展的同时，如何回馈社会、回馈消费者，如何践行一个企业的社会责任是每个企业值得深思的问题。企业社会责任实际

上是一个企业实现社会价值的平台，也是提升核心竞争力，构筑良好品牌形象的有效途径，更是一个企业的良心。

长期以来，在不断前行发展、创造经济效益的同时，立兴人致力于回馈社会、服务人民，注重社会效益和社会责任，充分关注社区的和谐与进步，充分关爱弱势群体，积极支持公益事业。公司重点支持的公益领域主要是文化、教育、体育、慈善等，对公益支持进行策划，主动积极地开展公益活动，使之与企业的战略规划和发展方向一致。企业高层领导身体力行，员工积极参与，为公益事业做出自己的贡献。帮扶贫困、捐资助学、支援灾区、为贫困患者送光明，立兴人一直以一颗赤诚之心在需要帮助的地方倾注着爱的力量，坚定地走在践行社会责任的道路上。

企业把支持绩溪县西区开发建设和社会主义新农村建设作为公益事业的重点，支持教育和体育事业，企业还建立了教育基金，支持贫困的大学生、农民工子女完成学业。近年来，公司公益事业支持情况如表 12-1 所示。

表 12-1　安徽立兴化工有限公司公益事业支持情况

支持领域	支持目的	支持重点	支持方式
文化教育和体育事业	支持教育体育事业 支持优秀生 资助贫困生	宣城市第八届中学生篮球比赛	赞助 6 万元
		中小学建设	捐赠 10 万元
		考取重点大学的优秀生奖学金	捐赠 35 万元
		贫困农民工子女助学基金	
		2012 年赞助绩溪县全民健身运动会	赞助 5 万元
慈善公益	大病救助	企业职工子女白血病患者	员工个人捐助 1 万元 企业捐款 5 万元
		社会上大病 2 人	各捐赠 3 万元， 总计 6 万元
西区开发	促进地方经济发展	企业支持西区建设	捐资 100 万元
社会主义新农村建设	脱贫致富	捐资饮水工程	捐资 10 万元
		城镇公路建设	捐资 40 万元

有着高尚道德、扎实苦干的汪德林董事长不仅以其独特的人格魅力影响和感召着身边的每一个员工，而且，在赢得企业成功的同时，他时时不忘回

报国家和社会，积极支持文化、教育、老年人福利等社会公益事业。为鼓励学生努力学习，成为国家的有用之材，凡企业员工子女每年新考上大学的学生，企业都要给予2000元奖励。几年来，他还不断资助社会上贫困大学生完成学业。逢年过节他总要备上礼品和慰问金前往敬老院慰问那些“五保”老人。对社会上那些急需救助的困难家庭，他总是积极伸出援助之手，让他们感受到人间的真情和温暖。特别是当四川汶川大地震、青海玉树地震、舟曲泥石流灾害发生时，他在第一时间就向红十字会捐赠了11万元，支持灾区人民抗震救灾。他还大力支持西区开发建设，积极参与社会主义新农村建设等。近几年，汪德林董事长累计捐款200余万元。其中，近5年汪德林董事长参与光彩事业和社会公益事业情况如表12-2所示。

表12-2　近5年汪德林董事长参与光彩事业和社会公益事业情况

项目内容 （时间、地点、参与单位、受助对象等）	实际捐款捐物 金额（万元）	证明人单位、姓名
2012年5月全民健身日运动会捐5万元 2012年7月捐资助学5万元	10	绩溪县教育基金会 绩溪中学
2013年9月绩溪县首届晨晚练点活动捐3万元 2013年3月绩溪县慈善协会创始基金1.5万元 2013年7月绩溪县“6·30”救灾捐款7万元	11.5	绩溪县教育基金会 绩溪县慈善协会
2014年12月爱心报刊捐赠	1	安徽省邮政宣城分企业
2016年7月捐助宣州区政府抗洪救灾	30	宣州区委副书记何刚

漫漫创业路，尽显强者风采，汪德林董事长带领着立兴企业全体员工，以不懈的追求，在市场经济的大潮中闯出一条辉煌之路，谱写了一曲饱含真情厚意的创业之歌，其对绩溪县的经济发展、城市建设、社会进步等方面做出了突出贡献。他还不计所得付出爱心，义无反顾支持社会公益事业建设。为实现“为员工创造财富、为社会创建和谐、铸造驰名品牌、成就百年立兴”的美好愿景，他带领着立兴人正奋力拼搏着。

第十三章　企业家精神

企业家精神是经济增长的发动机，它不仅是投资创业和推动企业持续发展的首要条件，也是实现创新和联结各种生产要素的一种极其稀缺的特殊的无形资源。它在一定程度上决定了企业经营发展的兴衰成败，决定了企业核心竞争力能否形成。正是由于汪德林董事长具有强烈的企业家精神，立兴化工才能从小到大、由弱变强。可以说，立兴化工从创业到有今天的成就，离不开企业掌舵人汪德林董事长，离不开他作为企业家所具备的企业家精神。

第一节　徽商精神

不同的文化环境会赋予企业家不同的价值取向和行为方式。立兴化工位于绩溪县，而绩溪县是古徽州重要的组成部分，徽商精神对今天的企业家产生了深远的影响，塑造了汪德林董事长这位创业者吃苦耐劳、艰苦奋斗、勤奋精进的品格和仁达博爱的胸怀。而汪德林董事长身上所折射出的企业家精神正是对徽商精神的继承和发展。

徽商精神是徽商留给后人的宝贵精神财富和丰厚历史文化遗产，也是绩溪地方文化的瑰宝之一。所谓徽商精神，是指徽州商人为社会普遍认可、值得称道和发扬的思想品格、价值取向和道德风范，是徽商的心理特征、文化传统、思想情感的综合反映。

一、吃苦耐劳的创业精神

明清时期，徽州形成全民经商的社会风气，不少地方从商人口的比例高达70%以上。许多徽商取得事业成功，与其坚持吃苦耐劳的创业精神有着十分密切的关系。因骆驼能负重、肯吃苦，胡适先生曾把徽商形象地比喻成“徽骆驼”。徽州流行的诸多民谣生动揭示了徽商的创业精神，如“丈夫志四方，不辞万里游；风气渐成习，持筹遍九州”。正是不畏风霜、从零开始、敢于创业、不断拓展的创业精神，使得徽商能把生意做大做强。

二、百折不挠的进取精神

明清时期，徽州山区生存资源极为贫乏，温饱问题得不到解决。徽州人穷则思变、奋发进取，毅然走出深山，闯荡商海。徽商进取精神最可贵之处在于：受到挫折后，不是一蹶不振，而是义无反顾、百折不挠，不成功决不罢休。许多徽州商人“一贾不利再贾，再贾不利三贾，三贾不利犹未厌焉”，历经无数次的挫折与失败而奋起，最终走上成功之路。

三、商机至上的竞争精神

明清时期，全国范围内涌现出十多个著名的富有实力的商帮，在各大商帮之间存在着激烈的商业竞争。为战胜竞争对手，立于不败之地，徽商能够细心预测市场，观察市场动向，分析市场行情，做到审时度势。徽商在商业信息和商业情报收集方面，有着蜂群优势，行动一致、互通共享，很多信息情报是通过亲朋好友获得的。在掌握信息优势的基础上，徽商重视选择合作伙伴，迅速筹集资本。利用同族同乡、亲朋好友等血缘和地缘关系，采取合伙制、股份合作制等灵活多样的经营形式，壮大自身力量，战胜竞争对手。

四、通权达变的创新精神

徽商富于创新，勇于创新。徽商创新精神主要表现在以下几个方面：第一，思想观念创新。中国封建社会的传统国策是重农抑商，商人社会地位很低，徽州人敢于冲破世俗偏见，勇于选择商业，并以商业为第一等生业，这

是思想观念解放与创新的表现。徽州人颠覆了封建正统的农本商末观念，这在当时是需要很大勇气的。第二，经营范围和经营方式创新。徽商多以小本起家，初始的商业经营，主要局限于本地山区土特产品。为求生存、谋发展，徽商勇于拓展商业经营领域，突破传统商业经营方式，从经营土特产品，扩展到盐业、典当、纺织印染、图书等行业，采取走贩、囤积、开张、质剂、回易五种方式并用的策略，相机行事。第三，经营机制创新。在经营过程中，徽商对独资、合伙制以及类似的股份、合作、经理委任等多种经营形式和机制都加以灵活利用。

五、重仁重义的诚信精神

诚、信、仁、义是儒家伦理道德规范的核心内容，也是儒家做人、处世、为政的行为准则。徽商在经营理念上讲道义、重诚信，把儒家伦理精神活用到经商实践中。徽商成功地将儒家做人之道，嬗变为“以诚待人，以信接物，以义为利，仁心为重”的经商之道，融入到自己的品牌价值之中。徽商诚信精神主要体现在：第一，崇尚信义，诚信服人。徽商坚持以诚实守信来赚取正当的商业财富。第二，宁可失利，不愿失义。在义、利不可两全时，坚持舍利取义。第三，注重质量，提高信誉。徽商讲求货真价实，确保商业信誉。

六、热心公益的奉献精神

当遇到自然灾害和社会公益事业建设时，徽商多能慷慨解囊，回报和奉献社会。举凡赈济灾荒，投资办学，设立会馆、义庄、义冢，兴建育婴堂、医院，修桥筑路，兴修水利等，徽商都积极参与。当国家和民族利益遭受威胁时，徽商多能赴国急难，表现出无私的爱国奉献精神。明初，不少徽商千里迢迢运粮输边，帮助政府解决军粮供应难题。明中叶，在抗倭斗争中，广大徽商或捐资筑城、募勇抗敌，或出谋划策、领导御敌，或弃商从戎、奋勇杀敌。清代，在平定大小金川等叛乱及抵御西方列强入侵战争中，广大徽商踊跃捐资捐物，充实军资。

徽商精神是徽州文化的核心价值内涵和灵魂，值得大力弘扬。尤其是徽商精神中的创业精神、进取精神、创新精神、竞争精神、诚信精神、奉献精神，对于当今我国企业家的创业和发展具有重要的借鉴和启迪意义。汪德林董事长正是在这样的徽商精神熏陶下成长起来的优秀企业家。

第二节　企业家精神与领导力

安徽立兴化工有限公司董事长兼总经理汪德林是一位开拓创新、科学决策、善于管理、勤奋实干、有高度社会责任感的优秀企业家，他身上所体现的企业家精神支撑着他克服了重重困难、挫折，历经 20 多年的风雨兼程，将立兴化工由只有一小平房和几十平方米场地的企业发展成为今天拥有固定资产 8500 万元、占地面积 10 万平方米、拥有员工 250 余人，集产品研发、生产、销售于一体的规模以上化工龙头企业。

一、艰苦创业的精神

艰苦创业的精神是每一个创业者所必不可少的精神，这种精神在汪德林身上表现得尤为突出。从 1992 年他担任绩溪县有机化工厂厂长开始，他就走上了一条艰苦的创业之路。当时企业已经陷入举步维艰、濒临破产的境地，一无资金，二无人手，看不到任何希望。面对这样的困境，汪德林毫不退缩，带领全厂职工发扬艰苦创业、敢闯敢拼的精神，扎实地推进企业各项工作。汪德林不畏艰辛，任劳任怨，遇到紧急生产任务时，他白天跑销售，晚上既当工人，又当装卸工，和工人一起上下班，有时一干就是一天一夜，晚上甚至就直接睡在车间。企业的发展绝非一帆风顺，当汪德林遇到困难、受到挫折后，他总是义无反顾、百折不挠，吸取经验教训，迅速调整策略或方向。他就是凭着这份无悔的执着、艰苦创业的精神，才使企业恢复生机，为企业尽快走出困境奠定了坚实的基础。

二、开拓创新的精神

汪德林具有强烈的开拓创新精神，从不墨守成规、安于现状，形成了“依托高校、科技创新、求真务实、稳健经营”的发展思路。为了开拓市场

和寻找开发项目，他不辞劳苦，无数次北上山东，南下深圳，经常日夜兼行、舟车劳顿。他深知产品技术含量和产品质量是企业赖以生存和发展的基础，为此，他亲临多所高校商谈技术合作、寻求开发新产品之路。在他的不懈努力下，公司先后与南京大学、陕西科大、华东理工大学等高等院校建立了紧密的合作关系，为公司长远发展提供了强有力保证，同时也为公司渡过难关抓住了市场发展机遇。

汪德林善于准确判断市场需求，把握市场机遇，不断开拓创新，在2002年果断开发醚系列产品生产线，目前，醚系列产品已成为立兴化工的一个主导产品。为加快转型升级，2015年，汪德林开始筹备建设年产1亿粒谷瑞德胶囊产品项目，谷瑞德胶囊保健品具有广阔的市场前景，项目建成投产后，可实现销售收入为60000万元。正是汪德林这种敢闯敢拼、不断开拓创新的精神，立兴化工才一步一步发展壮大起来。

三、诚实守信的精神

市场经济是法制经济，更是信用经济、诚信经济，诚实守信是企业家的立身之本，是企业家精神的基石。汪德林深谙“以诚待人、以信接物、以义为利、仁心为重”的经商之道，注重产品质量，提高企业信誉，始终坚持以诚实守信为原则来发展企业。正是因为汪德林在生产环节严把产品质量关，在销售环节坚持诚实信用原则，立兴化工才能获得业内充分认可，不断扩大销售市场。也正是汪德林这种诚实守信的精神，立兴化工被评为“重合同守信用企业”，汪德林本人也获得了“优秀企业家”等荣誉称号，这些都为立兴化工的长远发展奠定了坚实基础。

四、团结合作的精神

尽管企业家表面上常常是一个人的表演，但真正的企业家其实是擅长合作的，而且这种合作精神需要扩展到企业的每位员工。立兴化工要想在市场经济大潮中站稳脚跟，不断壮大，仅仅依靠汪德林个人的努力是不可能实现的，必须团结企业的每一位员工。汪德林具有强烈的团结合作精神，他深深体会到只有全心全意依靠职工才能办好企业。他强调要尊重人、理解人、关心人，心系职工，急职工之所急、想职工之所想，千方百计为职工谋福利。

他十分重视听取广大职工和企业管理者的意见和建议，充分发挥每一个人的优势和长处，让每一位企业的“主人翁”都能感受到组织的温暖。他经常组织一些有利于增进员工之间团结的活动，这些活动增强了企业的凝聚力和向心力，营造了公司团结和谐的人际关系、积极向上的精神面貌和争做贡献的良好作风，充分调动了每一名企业员工的积极性和主动性。

五、责任担当的精神

汪德林高度重视安全生产和环境保护工作，并将其始终摆在首要位置，公司不仅每年要投入大量资金进行硬件设施建设，还不断加强对员工的安全知识和操作技能培训，严格要求他们遵守安全操作规程，认真做好自身防护和环境保护工作，绝不允许违章操作和超标排放。汪德林常说：“宁可少赚钱，也要把环保搞上去，不赚子孙钱。”这句话充分体现了一个企业家对社会强烈的负责感。多年来，立兴化工从未发生过安全、环保事故，得到了县委、县政府和相关职能部门的充分肯定。

六、心存感恩的精神

汪德林是一个极具感恩精神的企业家，也正是因为这种感恩精神，立兴化工才能在最艰难的时期得到宝贵的支持和帮助，使企业一步步发展起来。在企业创建之初，汪德林面临着巨大的困难和挑战，没有技术、没有资金、没有团队、没有销路，可谓捉襟见肘、举步维艰。就在此关键时刻，南京大学的周庆立教授和曹永兴教授给予了立兴宝贵的支持。两位教授将“有机硅”技术以低价转让给了立兴化工，以有机硅为主打的产品很快上线，获得了市场的广泛认可，为立兴化工后来的稳步发展打下了坚实的基础，也成为公司的主导品牌。汪德林是个知恩图报之人，吃水不忘挖井人，为了感激这两位教授的恩情，决定把企业的名字改为“立兴”——周庆立教授取“立”字，曹永兴教授取“兴”字，合在一起取为“立兴”。汪德林这种懂得感恩的精神，感染着每一位企业员工，这种感恩精神也逐渐成为立兴化工企业文化的重要内容。

七、无私奉献的精神

汪德林不仅具有强烈的感恩精神，他更是将感恩精神进一步升华为奉献精神，感恩是对帮助或支持过自己的人而言，而奉献则与自身并无直接利益者关联。多年来，汪德林在赢得了企业成功的同时，他时时不忘为国家和社会奉献自己的力量，积极支持文化、教育、老年人福利等社会公益事业。他还大力支持西区开发建设，积极参与社会主义新农村建设……他的这种奉献精神，使他和立兴化工博得了社会的广泛称誉和好评。他先后获得了“优秀企业家”“优秀中国特色社会主义事业建设者”“宣城市光彩事业奖”等荣誉称号。在他的带领下，企业先后通过了 ISO 9001 质量管理体系、ISO 14001 环境管理体系和 OHSAS18001 职业健康安全管理体系认证，并获得了“安徽省高新技术企业”“安徽省民营科技企业”“十佳和先进民营企业”“重合同守信用企业”“消防安全先进单位”“平安单位”“绩溪县十强企业”“宣城市综合实力二十强”“宣城市新成长型 20 强”等十余项荣誉称号。汪德林作为一名优秀的企业家创造了一个又一个奇迹，他身上所具有的企业家精神正是推动企业不断发展的重要驱动力。

第三节　企业家精神和企业文化

一、企业家精神和企业文化的关系

企业家精神和企业文化之间存在一种积极的互动关系：企业家精神决定着企业文化建设的个性和方向，企业文化是推动企业家精神在组织内部发展必不可少的驱动因素之一。

通常认为，企业文化的初期阶段就是企业家精神的直接体现。企业家精神是企业文化的重要来源，直接影响了企业文化的发展路径。在立兴化工的发展历程中，虽不能说是汪德林的个人魅力创造了一个又一个化工领域的奇迹，但他勤奋精进、顽强拼搏、越挫越勇的精神和远见卓识，机智敏锐、善抓市场机遇的能力，却足以使立兴在激烈的市场竞争中应对自如、游刃有余。我们也不能说立兴的企业文化，就是一种老板文化，但汪德林的经营理念、做事风格和价值取向却渗透于企业发展的每一个时期，成为企业文化的灵魂。从立兴化工企业文化的建设过程来看，企业精神的提炼总结只是一个水到渠成的形式，其本质是企业家精神在灵活的治理体制下充分发扬光大并内化为企业文化的过程。

反过来，企业文化也进一步推动企业家精神在企业内的发展。企业家精神其实并不是企业家个人所独有的，企业的管理者、企业员工的精神气质、认知水平和思维状态反过来可以影响企业家，影响企业家精神的形成和发展。企业家精神的承载者是企业家，而企业家只是一个个体，其身上表现出的企业家精神可能会随着环境的变化而产生变化，如果一个企业内部具有良好的企业文化，这种企业文化对企业家精神发挥着重要的补充作用，进一步坚定企业家的信心和决心，使企业家精神更加稳定，对企业更有引导作用。

二、企业家精神向企业文化转变

企业家精神是企业文化的重要来源，他主要通过影响企业的精神层面来主导企业文化。在企业文化的初级阶段，企业家精神具有绝对的强势地位，他依据自己的价值观体系来遴选和聘用企业的成员，几乎涵盖了企业精神文化的基本内容。随着企业的发展壮大和组织成员的增加，企业家精神在企业文化中的比重有逐渐稀释的趋势，但企业家精神仍然通过不断扩展为组织共享价值观而规定和引导企业文化的取向，其扩展过程的本质是个人专属文化资本向组织共有文化资本的转化，这种转化是企业打造文化竞争力的重要手段。

在今天立兴化工蓬勃发展的背后，倾注了汪德林董事长这位不畏艰难使立兴一步步发展起来的管理者的心血，也展示了他作为现代企业家特有的精神气质和独具匠心的管理方略、经营理念。汪德林所具有的这种企业家精神为企业文化奠定了基调，立兴化工精神的提炼实际上也是对企业家精神的总结与吸收，这种总结与吸收，又是建立在员工对企业家精神高度认同的基础之上的。立兴化工在初创时，面临诸多问题和困难，在这种情况下，汪德林的艰苦创业、百折不挠、顽强拼搏的精神就显得尤为重要。正是在这样的企

业家带领下，在企业家精神的感召下，才能凝聚人心，在员工中形成一种于困境中昂扬向上的氛围，铸就一支能打硬仗、敢拼能赢的优秀团队，形成一种积极进取、不怕困难的企业文化。随着企业不断壮大，不断走向成熟，企业家精神不断向企业文化转变。这是一个必然的趋势，也是一个必经的过程，毕竟企业家精神是企业家一个人所具有的精神，在企业开创初期发挥着重要作用，但是企业文化更多的是企业全体员工所具有的思想状态和精神，它在企业走向规模、走向正轨之后发挥着极其重要的作用。因此，企业家精神终将转向企业文化，汪德林董事长所具有的精神也必将融合进立兴企业文化当中，推动立兴化工的进一步发展。

附录　案例集

案例一　常茂生物化学工程股份有限公司产品研发管理研究①

一、公司新产品开发与企业发展历程

（一）公司简介

常茂生物化学工程股份有限公司成立于1992年底，是江苏省外商投资先进技术企业、江苏省高新技术企业和双密集型（技术密集型和知识密集型）企业。2002年6月在香港地区上市。公司综合运用生物技术和手性技术生产、销售四碳系列高品质有机酸，产品广泛用于食品、医药及化工等行业。主要产品有L-苹果酸、DL-苹果酸、L-(+)-酒石酸、L-天冬氨酸、富马酸、马来酸等有机酸，年生产能力达20000吨，是目前世界上独具特色的四碳系列有机酸制造商，产品获得国家重点新产品和江苏省高新技术产品认定。产品标准均采用美国药典、英国药典等国外先进标准，并通过了KOSHER认证；质量管理体系亦通过了ISO 9001认证，在国际市场上享有较高的声誉。公司将重点致力于手性技术领域、酶工程技术领域新产品研究开

① 万屹东．对中小型精细化工企业新产品开发的思考——以CB公司为例［D］．南京理工大学，2004.

发，不断推出新型食品添加剂、手性医药中间体、手性助剂等系列新产品。

公司注重技术创新，加强产、学、研的结合。1998年与中科院成都有机所联合成立了“江苏省生化手性工程技术研究中心”，致力于开发、研究及应用现代高新技术，先后荣获国家科学技术进步一等奖、杜邦科技创新奖等多项荣誉。常茂生物化学工程股份有限公司积极吸引招聘技术人员，每年都有一定数量的本科大学生及研究生被招聘进来，充实生产第一线和研究部门，加强开发力量，并将年轻技术人员送至上海医科大学、江苏微生物研究所、江南大学等单位深造、培训，进一步提高他们的素质，为常茂生物化学工程股份有限公司新产品开发提供了可靠的人才保证。同时通过聘请国内外知名专家来公司指导培训工作，为公司培训研究、开发、工程化转化、技术推广和市场经营等方面的复合型人才和高级研究人员。

常茂生物化学工程股份有限公司坚持科技是第一生产力，注重科技投入与人才培养，公司的核心价值观是“以人为本，创新为先”。通过提高全体员工的素质，规范管理，进一步加快产品开发的步伐，拓宽国内外市场，使公司发展得更快、更强。

在组织结构方面，常茂生物化学工程股份有限公司一直采用扁平式的组织结构，公司目前仅有总经理和副总经理两名高层管理，总经理负责七个职能部门，副总经理负责与生产有关的其余五个职能部门。常茂生物化学工程股份有限公司的组织结构如附图1所示。

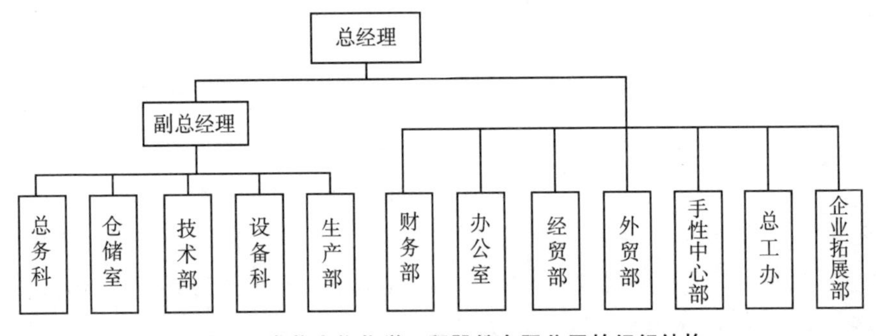

附图1　常茂生物化学工程股份有限公司的组织结构

资料来源：万屹东．对中小型精细化工企业新产品开发的思考——以CB公司为例［D］．南京理工大学，2004.

（二）公司的新产品开发活动

常茂生物化学工程股份有限公司的主要业务是生产和销售有机酸，主要产品包括L-苹果酸、DL-苹果酸、L-(+)-酒石酸、L-天冬氨酸、富马酸、马来酸和一些手性助剂，全部均以公司在生产过程中所用的主要原材料马来酸酐或粗酐衍生而成，而马来酸酐或粗酐由公司的万吨级顺酐装置提供。常茂生物化学工程股份有限公司最初的原材料为苯，苯可从石油或煤炭中提炼。常茂生物化学工程股份有限公司的大部分产品均出口国际市场。凭着自行开发的先进生产技术（应用固定化酶技术、手性技术、反应与分离耦合技术和联合生产技术），常茂生物化学工程股份有限公司得以在其灵活的生产工序中，以合乎成本效益的方法，有选择地生产特定的高纯度天然有机酸产品。

1990年第68届秋季广交会上，我国首批生产的L-苹果酸产品深受欢迎，来自西欧、美国及东南亚的客商一次就订货800吨。受此信息的影响，常茂生物化学工程股份有限公司的母公司（SG厂）开始进行L-苹果酸的生产技术开发，同时，1992年邓小平先生南方谈话之后，国内掀起一股合资开发的高潮，SG厂决定成立一家合资公司来进行L-苹果酸产品开发。而后SG厂与香港一家公司合资成立了常茂生物化学工程股份有限公司。因此，常茂生物化学工程股份有限公司1992年底成立之后，就开始了自己的新产品开发活动和先进的生产技术开发活动。1993年1月，常茂生物化学工程股份有限公司的母公司向常茂生物化学工程股份有限公司注入生产设施、设备和生产所需的技术。L-苹果酸是常茂生物化学工程股份有限公司首个进行商业生产的有机酸产品，于1993年8月推向市场。

1993年，由于L-苹果酸市场不景气，常茂生物化学工程股份有限公司急需新产品来使企业走出困境。当时，国内经济建设很热，对L-苹果酸的前体富马酸和马来酸需求量逐渐增大，常茂生物化学工程股份有限公司于年底开始进行富马酸和马来酸的生产技术开发，并于1994年5月建成富马酸和马来酸的生产线，进行商业生产并推向市场。

常茂生物化学工程股份有限公司于1993年1月开发固定化细胞（酶）技术并在生产上应用，在1993年建成L-苹果酸的生产线。在之后于1996开始研究将固定化细胞（酶）技术用于L-天冬氨酸的生产，并在1998年3月建立L-天冬氨酸的生产线。L-天冬氨酸开始商业生产，而此种氨基酸产品10%销往美国市场，30%销往日本市场，60%销往英国市场。1997年6月，常茂生物化学工程股份有限公司开始研究固定化细胞（酶）技术用于L-(+)-酒石酸的生产技术，开始了生物转化法生产L-(+)-酒石酸的技术开发。1999年6月，设立L-(+)-酒石酸生产线，L-(+)-酒石酸开始投入商业生产。

1995年5月开始反应与分离耦合技术的生产技术的研究与开发工作。并将反应与分离耦合技术分别应用于L-苹果酸的生产技术改造，提高L-苹果酸的市场竞争力。1997年底，常茂生物化学工程股份有限公司开始开发精品L-苹果酸的生产技术，并于1998年投放市场，成为日本一家医药公司的原料供应商，抢占了国内高端的L-苹果酸市场。2000年10月，常茂生物化学工程股份有限公司应用反应与分离耦合技术开始开发L-苹果酸的一个特殊规格产品（特制L-苹果酸），并于2001年4月推向欧洲市场。同时，在此之后，将此技术应用于L-丙氨酸的生产。2000年11月，苗先生、欧阳教授（独立非执行董事）、常茂生物化学工程股份有限公司及其他发明家研发在生物转化过程中应用反应与分离耦合技术，获颁杜邦科技创新奖。2001年1月，常茂生物化学工程股份有限公司的苗先生因此项技术而获得国家科学技术进步一等奖。

1997年9月，常茂生物化学工程股份有限公司开始研究与开发联合生产技术在生产DL-苹果酸方面的应用，联合生产技术后来成为联合生产富马酸和DL-苹果酸的主要生产技术。1998年6月，开发者向国家知识产权局申请酸的发明专利权，并于2000年9月获批授该项专利权。该项专利权有效期为20年，由1996年6月30日开始生效。并在1999年4月设立DL-苹果酸的生产线，开始投入商业化生产。

1998年7月，常茂生物化学工程股份有限公司与江苏省微生物研究所开始合作研究生产L-肉碱的技术。同时，常茂生物化学工程股份有限公司与江南大学开始进行丙酮酸生产技术的合作研究。1998年11月，常茂生物化学工程股份有限公司与中科院成都有机化学研究所就成立手性技术中心订立合作协议，进行合作研究与开发手性技术。常茂生物化学工程股份有限公司亦同时开始研究与开发用以生产D-(-)-酒石酸的生产技术。在此之后，常茂生物化学工程股份有限公司开始将一些手性中间体助剂包括D-(-)-酒

石酸的酯类、L-(+)-酒石酸的酯类、S-苯基丁氨酸和S-3-羟基-Y-丁内酯等进行商业化生产，以此来进入医药中间体市场。2000年10月，手性技术中心的成立正式获得江苏省技术科技厅批准。

常茂生物化学工程股份有限公司开发的富马酸、马来酸、L-天冬氨酸、L-(+)-酒石酸、DL-苹果酸和L-苹果酸均采用国际先进标准，并获得采标证书。常茂生物化学工程股份有限公司生产的富马酸、马来酸、L-天冬氨酸、L-(+)-酒石酸、DL-苹果酸和L-苹果酸获得正统犹太教会证书犹太物品广获美国的犹太人社群及其他生产商和消费者接受，有助于扩大产品的销售市场。

2002年1月，常茂生物化学工程股份有限公司开始开发1，2，3，4-丁烷四羧酸（以下简称BTCA），并于4月开始投产，进入中试生产阶段。为了解决公司的产品平台问题，常茂生物化学工程股份有限公司开始了万吨级顺酐装置的设计和建设。2003年6月，常茂生物化学工程股份有限公司的万吨级顺酐装置建成投产，从而解决了生产原料的供应问题。为了更好地开拓国外市场，以及充分利用常茂生物化学工程股份有限公司的竞争优势，从2003年开始，常茂生物化学工程股份有限公司分别与三家日本企业进行精品有机酸项目、手性助剂项目和氨基酸与甜味剂项目的合资与合作谈判，现均已进入技术交流层面。

（三）新产品开发对常茂生物化学工程股份有限公司发展的推动作用

常茂生物化学工程股份有限公司通过技术改造，开发不同系列的产品来维护企业的竞争优势和竞争地位。将富马酸由工业级提升为食品级来占有市场份额，维护自己的竞争优势，确立市场地位。通过采用反应与分离耦合技术对L-苹果酸的生产工艺进行改造，将L-苹果酸市场细分普通品，特制品和精品市场，从而占领L-苹果酸的高低端市场。目前，L-苹果酸已占国内市场的80%以上，并具有国际竞争力，产品的80%以上出口到欧美和日本市场。联合生产技术在DL-苹果酸生产上的应用，常茂生物化学工程股份有限公司建成了5000吨/年的DL-苹果酸生产线，成为国内最大的生产商，占有国内市场的70%以上。采用固定化细胞（酶）技术生产L-(+)-酒石酸，现在常茂生物化学工程股份有限公司已成为国际上最大的L-(+)-酒石酸生产商，已占有国际市场将近20%的份额。新产品开发已成为常茂生物化学工程股份有限公司发展和扩大市场份额的最主要手段。

通过开发富马酸和马来酸，使常茂生物化学工程股份有限公司从一个处在亏损状态的企业走过了艰苦的创业阶段，在充满竞争的市场经济条件下站稳了脚跟，并有能力在新产品开发中有更大的资源投入。在L-天冬氨酸、L-(+)-酒石酸和DL-苹果酸相继投入市场，L-苹果酸技术改造的完成，常茂生物化学工程股份有限公司进入快速发展的轨道，销售额从2000万元增加到12000万元，利润从100万元增加到3000万元。常茂生物化学工程股份有限公司也从一个国内小企业蹦上了香港创业板，成为香港联交所的一家上市公司。从而常茂生物化学工程股份有限公司拥有了更为广阔的资金来源来支持其新产品开发计划。

常茂生物化学工程股份有限公司通过开发L-苹果酸、L-天冬氨酸、DL-苹果酸和L-(+)-酒石酸等产品，形成了自己的固定化细胞技术、反应与分离耦合技术和联合生产技术三大核心技术，并以这些技术来降低生产成本，提高产品的竞争力，同时在新产品开发中利用这些技术来缩短新产品的开发周期以更好地适应环境的变化。2003年，常茂生物化学工程股份有限公司投产了一条顺酐生产线，从而完成产品平台的建设，形成了产品树结构。通过顺酐这个产品，将常茂生物化学工程股份有限公司的产品全部捆绑在一起，在生产经营中可以根据市场情况，通过调配顺酐的流向，合理调整各种产品的产量，充分利用企业的生产和经营能力，从而提高了生产和经营能力利用率的手段。这种综合效益在顺酐投产3个月以后就体现出来了。

常茂生物化学工程股份有限公司在公司内部成立了江苏省生化手性技术工程中心，以江苏省生化手性技术工程中心为载体，加强了和国内外大专院校、科研院所和企事业单位合作，建立了广泛的协作网络，形成了多种形式的联合，充分发挥综合优势。同时，公司十分重视专业人才的队伍建设，每年都有大学毕业生、研究生等新生力量充实到“中心”的科研队伍中，目前具有高级职称的研究人员有12人，实验室科技人员均为本科以上学历，并将一批基础好的年轻科技人员选送往中科院所、知名高校深造；同时定期或不定期邀请有关知名教授、专家来“中心”进行技术指导，并成立了由专家教授组成的专家委员会，对公司的研究方向、重大技术问题进行咨询评估。同时也委派企业的技术骨干走出去，短期或中长期参与一些专家的研究工作，以拓宽他们的知识面，培养他们的科研开发能力。

常茂生物化学工程股份有限公司在新产品开发上成立了以江苏省生化手性技术工程中心为核心，以企业拓展部、经贸部和外贸部为外联的新产品开发联合体。在江苏省生化手性技术工程中心内部成立了以公司总经理为主任，专家委员会为"中心"的技术咨询机构。专家委员会由"中心"及手性技术领域的科研院所、企业及所依托单位的知名专家组成。专家指导委员会结合行业发展趋势对中心的主要研究方向、技术方案、产品工艺等进行技术论证、技术指导和咨询，并提供国内外重要科技信息和人才信息，定期举办重要的学术活动。通过与中国科学院成都有机化学研究所合作，逐步进入了高端医药中间体的开发和生产领域。现在已开发了一系列的手性医药中间体，并在手性合成领域有了自己的一席之地。同时，凭借自己的信息和技术，为国外一些企业提供定制产品业务，提供个性化服务。"中心"用人实行开放流动机制，人员有进有出，始终保持高效精干的队伍。流动人员在中心工作期间，享受与正式人员同等待遇，"中心"为其提供优厚的生活条件等，"中心"实行全员合同聘任制。"中心"的分配机制实行工资总额与所处技术成果产生的经济效益挂钩，对做出重大贡献、创造明显效益者，给予重奖。同时采取多种激励机制。

二、从常茂生物化学工程股份有限公司看中小型精细化工企业新产品开发管理

（一）高度重视产品生命周期对新产品开发的影响

1. 产品生命周期与开发策略

产品从投入市场到最终退出市场的全过程称为产品的生命周期，该过程一般经历产品的导入期、成长期、成熟期和衰退期四个阶段。在产品生命周期的不同阶段，产品的市场占有率、销售额、利润额是不一样的。导入期产品销售量增长较慢，利润额多为负数。当销售量迅速增长，利润由负变正并迅速上升时，产品进入了成长期。经过快速增长的销售量逐渐趋于稳定，利润增长处于停滞，说明产品成熟期来临。在成熟期的后一阶段，产品销售量缓慢下降利润开始下滑。当销售量加速递减，利润也较快下降时，产品便步入了衰退期。产品生命周期形态可分为典型和非典型。典型的产品生命周期

要经过导入期、成长期、成熟期和衰退期，呈“S”形曲线。非典型形态有“循环—再循环”型、“扇”型、“非循环”型等。研究产品生命周期对企业营销活动具有十分重要的启发意义。

产品不同的生命周期需要采用不同的开发策略。导入期是新产品首次正式上市的最初销售时期，只有少数创新者和早期采用者购买产品，销售量小，促销费用和制造成本都很高，竞争也不太激烈。这一阶段企业营销策略的指导思想是，把销售力量直接投向最有可能的购买者，即新产品的创新者和早期采用者，让这两类具有领袖作用的消费者加快新产品的扩散速度，缩短导入期的时间。具体可选择的营销策略有：快速撇脂策略，即高价高强度促销；缓慢撇脂策略，即高价低强度促销；快速渗透策略，即低价高强度促销；缓慢渗透策略，即低价低强度促销。成长期的产品，其性能基本稳定，大部分消费者对产品已熟悉，销售量快速增长，竞争者不断进入，市场竞争加剧。企业为维持其市场增长率，可采取以下策略：改进和完善产品；寻求新的细分市场；改变广告宣传的重点；适时降价等。成熟期的营销策略应该是主动出击，以便尽量延长产品的成熟期，具体策略有：市场改良，即通过开发产品的新用途和寻找新用户来扩大产品的销售量；产品改良，即通过提高产品的质量，增加产品的使用功能、改进产品的款式、包装，提供新的服务等来吸引消费者。衰退期的产品，企业可选择以下几种策略：维持策略、转移策略、收缩策略、放弃策略。

在产品的生命周期中还存在国际产品的生命周期。即新产品以不同的速率被采用，经常是退后采用的国家能以最经济的方法生产，并成为将产品扩散到其他国家去的领先者。这种现象称作国际产品生命周期。

国内公司必须注意国外市场发展的原因之一在于国际产品生命周期现象。正如韦尔斯描述的：“许多产品经过这样一个贸易周期，在该周期中美国起始是出口国，然后失去它的出口市场，最后可能变成这种产品的进口国。”在亚洲应用此模型，国际产品生命周期的几个阶段是：

美国制造商出口产品。一项创新在美国推出，且由于有巨大的市场和高度发达的基础设施而获得成功。最终，美国生产者开始把这种产品出口至其他国家同生产者展开了直接的竞争。这里的含义是，当外国市场开始生产这种产品和最终向美国输出时，美国制造商在本国市场的销售最终要进入衰退

期。美国制造商最好的防御策略是成为全球营销者。美国公司应该在市场较大或成本较低的其他国家内建立生产和分销机构。有些批评者感到这种论点在今天已不甚有效了，因为跨国公司现在设有庞大的全球经营网络，通过网络它们可以在全世界的任何地方进行新产品创新，并把产品输往世界各国，它们并不需要按照国际产品生命周期的早期公式进行预测的顺序行事。

2. 产品生命周期对中小型精细化工企业新产品开发的影响

中小型精细化工企业在新产品开发中必须高度重视产品生命周期的影响。精细化工产品种类多，应用范围广。不同的精细化工产品类别具有不同的生命周期特点，例如，油漆涂料的更新换代非常快，其生命周期就相对短；而一些食品添加剂，因其特殊的口味，较难被替代，它的生命周期就很长；另有一些更为特殊，这些产品主要是医药中间体，由于医药原料的更换非常复杂，更换成本高，而这些医药中间体只为一种药品服务，因此这种产品不具有自己独立的生命周期，它随其下游产品的发展而发展。正因如此，中小型精细化工企业必须根据不同产品的特点来研究其生命周期，从而选择不同的产品开发手段。

中小型精细化工企业在新产品开发时也应对国际产品生命周期现象加以充分注意。通过国际企业的技术交流和产品交流，利用其制造成本优势，共同进行产品开发，以最经济的方法生产，将产品扩散到其他国家去。在这方面，常茂生物化学工程股份有限公司分别与三家日本企业进行精品有机酸项目、手性助剂项目和氨基酸与甜味剂项目的合资与合作谈判，为这种产品开发模式提供了良好的例证。

由于中小型精细化工企业的规模较小，技术力量比较薄弱，对于开发全新的产品有点力不从心。因此，在产品开发中可以采用跟随战略，通过改进和完善产品，寻求新的细分市场；通过开发产品的新用途和寻找新用户来扩大产品的销售量；通过提高产品的质量，增加产品的使用功能，改进产品的款式、包装，提供新的服务等来吸引消费者。同时，开发进口替代型产品也是中小型精细化工企业产品开发战略的一个不错的选择。

（二）必须加强新产品开发中的风险管理

1. 新产品开发中的风险

所谓“风险”，归纳起来主要有两种意见，主观说认为，风险是损失的不确定性；客观说认为，风险是给定情况下一定时期可能发生的各种结果间的差异。它的两个基本特征是不确定性和损失。中小型精细化工企业创新风险是指企业对外部环境因素估计不足或无法适应，或对技术创新过程难以有效控制而造成技术创新活动失败或风险企业经营活动失败的可能性。精细化工产品产业化过程中与风险相关的因素主要有：

技术风险：创新技术能否成功不确定。一项技术能否按预期的目标实现其应达到的功能在研制之前和研制过程中难以确定，因技术上失败而使创新终止的例子屡见不鲜。技术前景不确定。新技术在诞生之初都是不完善的，对于在现有技术知识条件下能否很快使其完善起来，开发者和进行技术创新的企业家都不敢确定，因此，创新企业往往面临着很大的风险。产品生产的不确定性。产品开发出来后，如果由于配套材料和生产工艺的限制而不能成功地生产出产品并推向市场，创新活动还是会归于失败。技术进步的不确定性。由于高新技术进步迅速，使创新产品极易被更新的技术产品替代；如果更新的技术比预期提前出现，原有技术将蒙受提前被替代甚至被淘汰的风险。

管理风险：指精细化工企业在创新过程中因管理不善而导致创新失败所带来的风险。主要包括：①观念保守，许多精细化工企业的领头人技术上很强，管理上很弱，但他们尚未认识到专业化分工的优势，认识不到现代企业制度的优越性，常常只把眼光局限于产品项目创新，而忽视管理创新、工艺创新，造成企业创新战略单一，加大创新风险。②决策失误，由于精细化工产品具有投资中等，产品更新换代快的特征，使得对于精细化工产品项目的决策尤为重要，决策一旦发生失误，对于中小型精细化工企业后果不堪设想。企业内部组织结构不合理，精细化工产品具有收益大、见效快的特点，成长速度超乎寻常，往往产生企业规模高速膨胀与组织结构相对落后的矛盾，最终导致企业经营失败。

市场风险：指市场主体从事经济活动所面临的亏损的可能性和盈利的不确定性。主要表现在：市场接受能力的不确定性，精细化工产品在推出后，顾客往往持怀疑态度甚至作出错误的判断，从而对市场能否接受及能接受多少难以作出准确估计。市场接受时间的不确定性，精细化工产品的推出时间与诱导出有效需求的时间存在时滞，如这一时滞过长将导致企业开发新产品

的资金难以收回。竞争激烈程度的不确定性，如果市场竞争过于激烈，形成供过于求的局面，预期利润则很难达到。

资金风险：主要是指因资金不能适时供应而导致创新失败的可能性。未及时获得资金而失去时机，被潜在的竞争对手超过或经营失败的风险。另外，由于通货膨胀、财政金融政策等引起利率水平变化所引起的风险投资公司的机会成本上升精细化工企业发展到一定规模，对资金的需求迅速增加；同时，由于精细化工产品寿命周期短，市场变化快，获得资金支持的渠道少，从而出现在某一关键阶段不能也应算作资金风险的另一层面。

信息风险：在科技成果转化的项目选择、方向决策过程中需要搜集大量的信息，如果由于信息不对称，造成对收益和风险判断失误，就会导致最终的失败。

其他风险：企业外部的社会环境、政治条件的变化及自然灾害都会给高技术创新活动带来风险。

以上我们对精细化工产品产业化过程中可能出现的风险剖析，目的在于针对风险采取措施，建立科学有效的风险降解机制，及时把不利因素转化为有利因素或分散化解风险，使风险投资各主体都能受益。

2. 降低新产品开发风险的有效途径

从上述分析可见，新产品开发最大的风险在于组织和规划的不力。因此降低新产品开发风险的有效途径是强化营管理中的组织和规划。当然新产品开发风险不可能降低到零，但根据理论推断和国内外成功的经验和案例，可以得出一些相对有效的开发组织和规划原则，即坚持以市场营销为导向的技术开发，重视开发过程的组织、规划和管理；提前做好多个甚至系列项目开发的准备，扩大新产品项目的实验室储存量，以便适应不同市场需求时机并根据竞争者的市场策略，推出不同产品。从意义来看，这样做会使开发费用随着开发项目的数量增加而增加。但因费用曲线在导入期相对很少，这就避免了产品进入市场后，有销售收入但预期利润不能实现的两难式被动局面，从而有效地降低新产品整体进入市场的风险。常茂生物化学工程股份有限公司成立的江苏省生化手性技术工程中心开发了一系列的手性医药中间体作为技术与产品储备。其降低新产品开发风险的主要途径有：

第一，重视和改善新产品开发的规划。市场和技术相结合。美国学者雷诺德斯认为，市场和技术的双向适应性选择最能正确描述新产品开发的演变过程。即消费者的需求创造产品技术开发的机会，产品技术的发展也将创造消费者的需求。在服装界，新型面料的出现对消费潮流的影响最为典型；在个人通讯领域也是技术的发展创造了消费者的需求。随着技术和产品生命周期的普遍缩短，此方面的现象越来越突出。

创新和仿制相结合。许多经营良好的企业并非以创新为其主导思想，就市场策略而言，仿制产品的最大好处是至少可以部分地避免产品开发先期投入所需的巨大的宣传、促销费用，以及在市场营销方面的错误。同时，可对市场领先者的产品进行要素改进，超过领先对手。而创新的最大好处是：可以申请专利或技术保护；产品导入期容易获得超额利润；必要时可出售产品许可证退出市场；市场形象良好。

独立开发和联合研制相结合。有资料显示我国研究机构或部分企业的科研开发能力与国外相比并不弱，但我国整体工业技术却落后许多，此中原因除缺乏相应的投资体制支持外，我国科研开发体制造成的各自为政、与市场脱离的闭门造车等弊端不容忽视。实践证明，以各单位而不是以项目、以市场为核心是损害科研创新最主要的因素。联合研制有购买许可证、合资经营、专有技术引进和兼并等多种方式。

第二，完善新产品开发的组织结构。有效的组织需要两个要点——明确的开发目标和迅捷的组织内沟通。一些较成功的开发项目都事先设定了商业上的标准，如该产品能在 5 年内引入市场；该产品的市场潜量最少为 5000 万元和 20%的增长率；该产品将取得技术或市场的领导地位等。

产品经理制，许多公司把新产品的构思任务交给他们的产品经理，实际上，这种方式有可能比较片面：许多产品经理忙于管理其生产线，他们除了对生产线上的流程和环节熟悉外，对市场需求、产品开发与其他部门的协调难以胜任。因此，产品经理制并非最恰当的新产品开发组织形式。

新产品经理制，优点是使新产品开发在企业内的功能专业化了，但新产品经理的工作可能局限在公司现有的产品市场范围或产品线的延伸。

新产品委员会，许多公司设立专门的高层管理委员会审核新产品建议。

新产品部，较大型的公司设立专门的新产品部，在财务上和相关生产、销售、研究部门及高级管理部门关系密切，主要职责是产生、筛选、指挥、

协调研究开发工作，新型实地试销和商品化前的准备工作。属于较固定的公司部门编制，有固定的职能和工作任务。

新产品开拓组，日本企业的新产品开发工作的组织和管理成功的一大特点是：大部分公司设有新产品开拓组，该组由各业务部门的人员组成，负责把一种特定的产品或业务投入市场。这些人员由公司的智囊组成，并且只要一制定项目预算、时间期限和工作任务，他们就暂时停止其他职责，因此使新项目开发进展速度很快。

3. 中小型精细化工企业如何降低新产品开发的风险

中小型精细化工企业必须根据自身企业资源和开发目标来确定新产品开发策略。良好的组织形式被证明是提高工作绩效的基础之一，中小型精细化工企业可以通过完善新产品开发的组织结构来降低新产品开发的风险。常茂生物化学工程股份有限公司成立江苏省生化手性工程技术研究中心，建立了精细化工产品的实验室和中试车间，专门进行新产品开发活动，降低新产品开发中的技术风险和市场风险。

中小型精细化工企业在新产品开发中必须充分重视新产品的市场特点。由于精细化工产品种类繁多，如有用途广泛的产品，有专业市场的产品，有专门产品的产品，对于不同类别的产品在市场营销上可分别采用轰炸战术、撒网战术和点穴战术。但为了降低新产品开发的风险，中小型精细化工企业应该扩大新产品项目的实验室储存量，以便适应不同市场需求时机并根据竞争者的市场策略推出不同产品。同时，根据精细化工产品的采购流程（询盘—小样—大样—采购），针对不同市场用途的产品来进行开发活动。对于用途广泛的产品可以进行大规模的技术开发与生产，形成一定的生产规模来打开市场。对于专业市场的产品，应有中试生产，拥有一定量的产品库存，以适应市场需求。而对专业产品的产品，由于市场非常狭窄，可在实验室开发，进行技术储备，并有少量样品库存，同时开展中试的可行性探讨。

中小型精细化工企业在新产品开发要重视新产品开发的技术规划。中小型精细化工企业必须根据自身企业资源，采用创新和仿制相结合来部分地避免产品开发先期投入所需的巨大的宣传、促销费用，以及在市场营销方面的错误。同时，可对市场领先者的产品进行要素改进，超过领先对手，形成自己的核心技术。独立开发和联合研制相结合，通过与国内的大专院校和科研院所的合作与开发，与国外先进企业技术的技术交流与合作，结合本企业的特点进行技术整合来创造自己的核心技术。同时，中小型精细化工企业可根据精细化工产品的可塑性以及衍生性，改进现有产品和发展衍生产品作为新产品开发技术规划的一个重要而有效的原则。

（三）切实有效地激励新产品开发团队

1. 总经理应当有效地管理与激励研发团队

在中小型精细化工企业，总经理对新产品开发工作影响巨大。总经理的投入是新产品开发成功的关键。除了把握企业战略和产品方向外，总经理对新产品开发活动的管理在很大程度上体现为对新产品开发团队的整体管理。从新产品开发的第一天，总经理要么给新产品确定必须具备的特征，要么与开发新产品的团队成员一起紧密合作。然后，总经理帮助他们完成目标，他控制着必需的资源给需要的团队，并且授权让团队打破常规，打破官僚主义的条条框框。总经理对新产品开发团队的管理应注意以下问题：

第一，有效的管理是从新产品开发之初就开始的，为团队制定明确的远景目标和提供完成任务必需的资源。作为研发过程中的积极参与者，总经理允许团队打破官僚层次，迅速决策，达到理想的目标：创造打败竞争对手赢得消费者的新产品。

第二，容忍创新的“健康失败”。鼓励创新首先意味着有创新的意愿，其次意味着容忍“健康的失败”。所谓“健康的失败”是指那些付出了真诚努力的失败。产品创新的历程从来不是一帆风顺的，某一点的改变可能会引起连锁反应，“牵一发而动全身”。改变固然会有失败的可能，但不改变就不会有成功的新产品。在一个“动辄得咎”的环境里，不能想象产品创新的成功。总经理对产品创新的影响首先在于培育一个创新受到鼓励的环境。

第三，培养“专家意识”，减少对开发细节的干涉。产品创新的专家首先是那些敢于对产品创新负责任的人，其次才是拥有丰富产品创新经验的人。在企业里经常发生没有人敢于对产品开发负责的现象，决策“议而不决”，然后由总经理判断而“定于一尊”。企业家不是神，不能洞悉一切风险，这种决策方式从一开始就孕育很大的风险。总经理需要明确责任，鼓励负责任的勇气，才可能在企业内部培养出“专家”。

第四，打破技术部门的壁垒，重视专业的横向交流。技术部门在中国企业中一向是“管理的黑箱”，只看到投入产出，看不到里面发生了什么。但技术过程对产品方方面面的影响极大。总经理应该鼓励技术部门走出“黑箱”，与市场、采购、财务乃至销售部门建立交流的机制，使技术部门看到他们的工作对企业其他部门产生了怎样的影响，而技术部门也会看到产品创新的广阔机遇。

第五，给开发人员开阔视野的见习机会。创新经常来自于换一个角度来看问题，来自于找到正确的基准。一年到头埋头于实验室的开发人员创新精神一定是不活跃的。给开发人员参观、学习、研讨的机会，回过头来审视自己的产品，就会产生新的认识，产品创意就蕴含在这些新的认识当中了。

2. 研发人员的激励措施选择

人才是企业创造财富的动力源泉，企业之间的竞争很大程度上反映在对人才资源的竞争上。人才的流失，特别是高素质人才的流失，是企业不可估量的损失，在效率就是金钱的今天，企业很难快速招聘到急需的人才，新招来的员工也需要有一定的时间来熟悉公司的环境和工作，而人才流动到竞争对手公司更是对自己构成一个直接的威胁。研发人员是中小型精细化工企业的宝贵财富，也是一个特别的团体。他们天资聪明、刻苦钻研、讲求协作、共迎挑战。为了避免人才流失带来的损失，中小型精细化工企业必须重视对员工的管理和激励，采用多种激励措施想方设法留住人才。

第一，物质激励。在物质激励过程中，应把思维创新并有实效的行为作为重要奖励因素，以调动研发人员的创新意识，鼓励研发人员的创新行为。研发人员的工作相关性较大，技术创新过程又不便于监督，为防止技术创新中的欺诈行为，企业管理则要打破预算平衡以激励研发人员。企业通过物质奖励调动研发人员工作积极性时，就不能把奖金与工薪放在一起。工薪由企业统一发给予维持生计：奖金由管理者对研发人员进行绩效评价后，以技术创新进展情况和个人的贡献率分配。依此加强物质激励的公平性。

国外有人对影响研发人员的工作效率的 80 项激励方式作了研究，得出以金钱作为激励手段使工作效率提高程度最大，达到 30%，其他激励方式仅能提高 8%~16%。在我国目前，利用物质激励研发人员，其效果会更显著。但在实施物质激励时，应注意以下几方面：

首先，物质激励应与相应的制度结合起来。企业应通过建立一套制度，创造一种氛围，以减少不必要的内耗，使研发人员能以最佳的效率为实现企业目标多作贡献。

其次，物质激励必须公平，但不搞“平均主义”。研发人员对他们所得报酬是否满意不是只看其绝对值，而且要进行社会纵向或横向比较，判断自己是否得到了公平对待，从而影响自己的情绪和工作态度。据调查，实行平均奖励，奖金与工作态度的相关性只有20%，而进行差别奖励，则奖金与工作态度的相关性能够达到80%。

第二，精神奖励。物质激励自身也存在一些缺陷。美国管理学家皮特曾指出重赏会带来副作用，它会使大家彼此封锁消息，影响工作的正常开展。而精神激励能够在较高层次上调动研发人员的工作积极性，其激励深度大，维持时间也较长。精神激励的方法有许多，这里论述以下四种：

目标激励，企业目标是企业凝集力的核心，它能够在理性和信念的层次上激励研发人员。研发人员非常重视企业的发展前景、团队工作气氛及领导的管理风格。因此，企业对研发人员的自由流动要积极引导，提高企业内部管理水平和增强研发人员的归属感。

工作激励，研发人员进行技术创新的动机之一就是力求最大限度地将自己的潜能发挥出来，达到最大的自我实现感。企业为研发人员提供各种培训学习机会，如出国培训、参加各种专业会议和专题培训；另外，创造一种学习型组织，使研发人员在实践中、学习中得到专业发展。企业要加强对科技人员的职业生涯管理。

参与激励，现代人力资源管理的实践经验和研究表明，研发人员大都有参与管理的要求和愿望，创造和提供一切机会让研发人员参与管理是调动他们积极性的有效方法。

荣誉激励，荣誉激励成本低，但效果很好。美国IBM公司有一个“百分之百俱乐部”，当公司员工完成他的年度任务，他就被批准为“百分之百俱乐部”会员，他和他的家人被邀请参加隆重的集会。结果，公司的雇员都将获得“百分之百俱乐部”会员资格作为第一目标，以获取那份光荣。

第三，情感激励。情感激励就是加强企业管理者与研发人员的感情沟通，尊重研发人员，使之始终保持良好的情绪和高昂的工作热情。情绪具有一种动机激发功能，因为在心境良好的状态下工作思路开阔、思维敏捷、解

决问题迅速。因此，加强企业管理者和研发人员之间的沟通与协调，是情感激励的有效方式。

第四，注重对研发人员的长期激励。研发人员的工作见效周期长，产权激励是一种重要的适合研发人员的激励手段。对技术人才实行“股票优先购买权”，对经营利润超过指标的部分进行“成果分配”，打破论资排辈的惯例。

另外，除了直接的激励因素外，影响激励效果的还有许多间接因素，如激励的及时性、公平性、持续性；企业战略目标、技术战略目标与技术人员个体目标的一致性，技术人员对企业目标的认同；技术人员的个体特征；激励强度；违反规范行为的事前预防和事后处理等。

案例二　上海灼日新材料科技有限公司发展战略研究①

一、公司简介

上海灼日新材料科技有限公司成立于2005年，注册资本500万元，致力于环氧树脂、有机硅、聚氨酯新材料的研发、生产和销售，一直以电子封装材料为主要研发方向，着重开发电子、电气、电力、新能源、汽车及其他行业所需要的各类特殊封装材料。

公司位于上海市松江区，目前设有面积约5000平方米的生产厂区一个，分公司1个，各地经销商及办事处3个，已建成年产有机硅胶2500吨、环氧胶1000吨、聚氨酯胶500吨、有机硅油1000吨、耐高温环氧树脂300吨的生产规模。近年新上了液体硅橡胶项目，丰富了公司的产品线。

公司注重人才引进与人才培养，拥有员工60人，大学本科以上人员占总人数的70%。公司主要技术人员及销售人员都是从事有机硅行业多年的

① 周鹏．上海ZR精细化工有限公司企业发展战略研究［D］．西南交通大学，2016.

专家，公司与华东理工大学、复旦大学、上海大学、上海橡胶所等多家院校、机构建立了长期稳定的合作关系，为公司发展提供了强有力的技术保障。

公司已通过 ISO 9001：2008 质量体系认证，公司的产品也获得了 SGS、TUV、REACH、卤素等产品技术认证。公司目前已建成有机硅生产线 6 条，年产 RTV 硅橡胶产品 1500 吨、HTV 硅橡胶 600 吨、LSR 硅橡胶 900 吨、硅油 1000 吨，其他有机硅产品 500 吨。公司通过这些年的稳步发展，已建立了一套完善的生产、研发、销售体系。目前公司已成立自己的专业品牌，在业内已有一定的知名度，公司已经成为国内多家知名企业的供应商，并有部分产品出口到海外市场。

二、基于 SWOT 的企业发展战略分析

上海灼日新材料科技有限公司以自身发展使命为基础确立了一个基本层面的公司战略纲领，再结合企业内外部环境的变化制定符合企业自身特点的公司发展战略。同时在公司发展战略的指导下，制定企业下属各事业部对各自有机硅市场拓展的业务层发展战略，把握好企业内各业务部在企业发展过程中的业务导向，并最终为企业的健康发展提供助力。

上海灼日新材料科技有限公司的发展使命是：勇于追求，不断创新，争取成为有机硅领域解决问题的专家。上海灼日新材料科技有限公司成立之初从 1 名技术人员与 2 名销售人员起家，发展到现在员工人数达 60 多人，从成立之初的一辆摩托车送货，发展到现在拥有固定厂房 3000 多平方米，专业生产线 6 条，大小各类车辆十多辆。上海灼日新材料科技有限公司以其专业的技术研发能力、出色的营销推广能力、周到的售后服务能力赢得了客户的认可与信任，赢得了员工的认同与忠诚。同时，上海灼日新材料科技有限公司也一直以服务客户与员工为公司的主要目标，努力构建一个和谐互助的工作环境与发展空间。所以，上海灼日新材料科技有限公司的发展目标是：尽最大的能力来服务客户与员工，努力打造一个和谐的发展环境。

（一）公司的内部优势

1. 公司的科研能力较强，产品技术含量较高

上海灼日新材料科技有限公司于 2004 年进入有机硅市场，经历了有机

硅行业黄金发展的时代，也经历过有机硅行业产能过剩市场萧条的日子，公司也在这一波波冲击中逐渐壮大，并走向成熟。公司通过这些年的努力，已经研发出多款性能媲美或已超越国外竞品的有机硅产品，并通过了SGS、TUV、REACH、卤素等多项产品技术认证，同时公司这些年也发表了多篇文章与专利，注册了商标，产品在业内获得了一定的声誉。公司较强的科研能力和产品技术含量也使得公司的产品获得客户的广泛认可，品牌信誉度较高。

2. 公司在LED电子行业及电源传感器行业具有一定市场占有率且销售量较为稳定

LED照明技术是人类照明方式的一次新的革命，其技术从20世纪90年代以来不断发展，已成长为新的市场领域，目前全球LED的主导厂商为飞利浦、欧司朗、日亚化学、丰田合成及美国Cree。国内的LED电子行业起步于20世纪80年代，但由于技术及政策等原因发展缓慢。随着国家对于LED行业的重视程度不断加大，国内LED行业在2000年前后已初成规模。随着LED技术创新与应用开发能力的不断提升，LED行业的一些关键性技术及材料得到了突破性的进展。随着LED技术的成熟，国家将半导体照明列入国家扩大内需产品之一。随着国家政策的推进，国内LED电子生产企业已从2004年的30家发展到100多家，销售额从2006年的50亿元增长到2015年的5000亿元。随着LED电子行业的迅速发展，上海灼日新材料科技有限公司的LED电子用产品的销售额也飞速上升。但由于近几年国内经济的萎靡，LED电子行业的增速在不断地放缓，上海灼日新材料科技有限公司在该行业的销售增量也处于一个停滞的状态。

3. 公司具有一支专业的技术及销售团队

上海灼日新材料科技有限公司是一家以技术创新起家的专业性高科技公司，公司内的技术总监及下属的技术骨干都是从事有机硅行业多年的技术精英，公司与华东理工大学、复旦大学、上海大学、上海橡胶所等科研机构建立了科研培养、技术转化等合作关系，为公司发展提供了强有力的技术保障。上海灼日新材料科技有限公司同样具有一支专业化的销售团队，因为公司的销售总监是一名有机硅技术人员转型而成的，这决定着公司的销售路线是以一个有机硅应用的专家及有机硅问题的解决者出现的。公司这几年的销售队伍都是招聘具有化工学习背景的人才，并在实验室通过严格的业务培训及业务考核后进入销售岗位。通过这样一轮的培训、学习过程，公司的销售人员在客户处都是一个个值得依赖的有机硅专家。通过这样一支专业的营销及售后团队，公司才能迅速获得市场的认可，公司才能与客户之间形成一种和谐与信任的关系。

4. 公司销售额增长迅速，公司的整体成长较快

上海灼日新材料科技有限公司成立之初是从 1 名技术人员与 2 名销售人员起家，发展到现在员工人数已超 60 人，从成立之初的一辆摩托车送货，发展到现在拥有固定厂房 3000 多平方米，专业生产线 6 条，公司的销售额也从成立之初的几十万元增长为 5000 万元。公司立足于 LED 电子行业及电源传感器行业，公司在这两个行业中获得了一定的市场份额，并在有机硅行业中也获得了相当的产品知名度。

5. 公司销售区域布点较完善，销售网络健全

公司立足于上海，并从上海扩张至“长三角”，并通过设立办事处及发展经销商的模式将产品销售至全中国。目前，公司在上海增设 1 个销售分公司，分别在广州、天津、北京设立了 3 个办事处。同时，公司在苏州、郑州、河北、湖北、安徽、浙江、福建等地培养了专业的经销商，通过公司提供技术、经销商提供服务的方式共同拓展有机硅市场。通过上述点面结合的方式，公司已经打造了一套覆盖全国的销售网络，公司的销售网络已初步建成。

6. 管理层级较少，股东股权清晰

上海灼日新材料科技有限公司在成立之初起主要由 3 位大股东持股，每位大股东持股份额在 30%，剩余小股东共持股 10%，公司的股权结构属于适度集中的股权分配结构。由于公司的 3 位股东分管技术、销售、财务，股东之间的合作与互相配合程度较高，股东对于公司的发展方向也较为统一。同时，公司目前管理层结构主要分为 3 层：高级管理层、中级管理层及普通员工。公司管理层的人员分布结构属于正金字塔形，中层以下人员占大多数，公司管理层分布较为合理，员工之间的关系较为平等。这样一个结构分布也可以使公司在运营过程中问题的反馈较为及时，提升公司的应变反应速度。

7. 公司已建立网站等宣传渠道，并通过网络建立了一定的品牌知名度

上海灼日新材料科技有限公司目前已建立自己的网站，并通过网络建立了一定的品牌知名度。公司利用网站不仅宣传了企业的发展进程及取得的成绩。同时，公司利用网站为客户提供了一个系统的产品应用解决方案。客户不仅在网站上能够了解企业的产品，同时也能够在网站上获得技术支持。由于公司目前的销售范围主要针对国内市场，对于国外市场的推广与销售仍在起步阶段，送样一个宣传推广渠道也是企业后续能够扩张海外市场的一个有力武器。

（二）公司的内部劣势

1. 公司在LED电子行业的市场增长率进入“瓶颈”期

LED电子行业是上海灼日新材料科技有限公司最重要的销售市场，该市场的销售额在2014年度占据公司年销售额的43.8%。但由于近几年国内经济的萎靡，LED电子行业的增速在不断地放缓，上海灼日新材料科技有限公司在该行业的销售增量也处于一个停滞的状态。通过对比2012~2014年度LED电子行业的销售额可以发现，2013年度该行业销售额的增速为24%，但由于生产规模及产品成本控制等原因，企业在2014年度市场发展过程中遭遇“瓶颈”，当年度该行业的销售额增速已降为1.4%。

2. 公司的产品型号较少，公司主要涉及的行业较为单一

上海灼日新材料科技有限公司目前主要销售的产品型号有47个，而且这47个产品主要聚集在LED电子行业、电源及传感器行业、电力行业、汽车配件行业、太阳能行业。这样的一个产品分类结构相对于跨国公司及国内上市企业来说，无论从产品数量还是从行业覆盖来说仍显单薄，公司产品结构单一的问题仍比较明显。尤其是这几年电子电器行业受国家经济下行的拖累较大，公司的总体销量一直难有一个质的突破。而公司受生产工艺、资金等问题的影响，无法在新兴发展的太阳能市场有所建树，这使企业错失了这几年太阳能行业爆发带来的发展红利。

3. 公司的其他应收款占比较大，公司的资金周转率较低

近年来，公司下游的电子电器行业受国家经济下行的拖累较大，下游客户的资金链一直紧张，因此公司的应收款项占比较大。这样的资金结构影响了企业的资金周转率，也影响了企业的发展计划。而作为一家实体型生产企

业，任何一个新的项目或一套新的生产线都需要耗费企业大量的现金流，而企业的资金周转率降低导致企业资金链紧张，这就形成了一个恶性循环，而目前国内的中小型企业，融资难一直是个大问题，这也是企业目前急需解决的问题。

4. 公司在采购端的议价空间较小

目前，上海灼日新材料科技有限公司的产品仅仅只是有机硅产品下游的一部分，而有机硅行业的上游生产企业又相对比较集中，这在一定程度上导致了公司在原材料采购过程中易受到上游企业的制约，议价空间较小。由于企业目前需求量的限制，企业的采购方式仍是定量批次采购，这类采购方式存在着采购价格较高、结款方式单一等问题。而如果采用定向合同采购的方式，企业又出现无法消耗规定的采购量的问题。

5. 公司的生产工艺较为落后，生产设备较为陈旧

目前，上海灼日新材料科技有限公司仍然延续国内生产企业老式的生产工艺，这导致企业的产品虽然在实验室检测时性能非常优异，但在批量生产时会产生性能波动，且这种波动不可控制，导致客户在使用产品时出现问题。这种波动不仅影响了产品品牌度，也影响了客户生产工艺和生产秩序，同时也会加大公司技术服务方面的成本支出，进而影响了企业的利润。同时，公司目前的主力设备有 3 台已使用了 10 年以上，其他设备的使用年限也都处于 5 年以上，设备的老化现象较为严重，后续维护成本较高。

6. 公司的销售成本占比较大，业务支出及管理费用也呈现逐年上涨趋势

有机硅行业是一个偏服务型的行业，产品在进入到客户处需要技术支持人员根据客户的工艺与要求对产品的性能进行微调，这导致了公司的销售成本在销售额中的占比较大。通过对比 2010~2014 年度公司的销售成本在销售额中占比可以看出，公司的销售成本占比在 66%~72%，且该占比呈现逐年上升趋势。同时，通过对比 2010~2014 年度的业务支出及管理费用可以看出，随着市场竞争加剧及公司市场的延伸，公司的业务支出及管理费用也呈现逐年上涨趋势。尤其是在 2012 年以后，公司每年的业务支出及管理费用的涨幅高达 100 多万元。

7. 公司的激励机制有待改善

上海灼日新材料科技有限公司的组织结构相对简单，各个部门之间的职

能交叉与职能重复不可避免。由于目前公司管理层常常亲临一线，员工在管理层的带领下工作积极性较高，故公司尚未建立完善的考核激励机制。随着公司后续的发展，公司仍需要引入考核激励机制，使员工能够更加直接地了解到企业发展过程中自身所需承担的责任，同时公司也可以通过考核与奖金挂钩的方式进一步激励员工的工作积极性。

（三）公司的外部机会

我国的有机硅资源十分丰富，这为我国的有机硅行业的发展奠定了良好的基础，由于我国是发展中国家，对有机硅的需求很大，而且受金融危机的影响较小，经济的恢复能力较快，使有机硅行业的发展空间非常大，而上海灼日新材料科技有限公司面临的外部机会如下。

1. 有机硅材料作为一种先进的高分子材料在今后几年仍有一个较大的增长量

根据我国“十二五”规划，有机硅材料作为一个先进的高分子材料仍是我国重点发展的行业之一。通过对国内建筑行业、电子电器行业、汽车配件行业、太阳能行业等有机硅主要应用市场分析可以发现，国内有机硅产品在今后的发展过程中仍将保持一个较大的增长量。所以，上海灼日新材料科技有限公司在今后几年的有机硅市场发展前景依然明朗，公司的销售额依然有增长的空间。

2. 电力行业正处于一个管线更新换代的阶段，公司面临的市场机遇较大

电缆作为电力传输的基本载体，是国民日常生活中最不可或缺的产品之一。目前，我国主要的电缆仍是聚乙烯（PVC）与聚氯乙烯（PE），这类产品无论是电气性能及阻燃性能都已不能满足现代社会的需求。随着国家城乡电网改造及西部大开发的推进，电力行业进入了一个管线更新换代的阶段，而有机硅材料凭借其优异的电气性能及阻燃性能在该行业的市场容量与市场前景都非常巨大。目前，国内大概有电缆料生产企业300多家，这些企业的生产工艺大多为聚乙烯（PVC）与聚氯乙烯（PE）挤出工艺。随着市场要求的提升，越来越多的企业开始升级改为有机硅挤出工艺。目前，上海灼日新材料科技有限公司在该行业已有两家成熟应用的客户，且需求量也在稳步提升。

3. 有机硅市场进入门槛较高

由于有机硅产品在各个行业及消费厂家中通用程度不高，这不仅需要企业拥有经验丰富的销售人员来推广产品，同时需要企业的技术及售后人员根据客户的工艺与产品要求来对产品性能进行微调。由于每家企业的产品性能都有一定的差异，客户在寻找替补供应商及更换产品过程中存在一定的风险，客户在常规情况下不会更换供应商，这导致有机硅市场进入的门槛相对较高。而上海灼日新材料科技有限公司通过这十多年不懈的努力，不仅拥有注册商标的自身品牌，同时公司的产品及性能也获得了许多大型客户及跨国公司的认可。

4. 上游企业竞争加剧，原材料供应充足

我国目前是有机硅原材料最大的生产基地，主要是因为国内的有机硅原材料硅矿石比较富足，且目前国内对于环保要求标准仍处于一个相对较低的状态，这导致国外有机硅原材料生产企业纷纷将生产基地设在中国。通过上一轮有机硅单体生产线在国内纷纷上线，目前有机硅原材料的供应已经摆脱原先紧缺的状态，有机硅原材料供应开始进入富足甚至过剩的阶段。大量的有机硅单体企业的设立不但有利于有机硅下游生产企业在与上游企业沟通中获得话语权，也有利于有机硅行业整体性能的提升。

5. 国家鼓励中小企业通过多渠道进行融资

国家为扩大实体型企业的融资渠道推出了创业板、中小企业股权转让系统，同时地方政府对于登陆创业板、中小企业股权转让系统的企业也提供了一定金额的奖励。企业通过这些融资渠道可以扩大企业的生产规模，提升企业的市场竞争力。

6. 自动化连续法生产设备已经发展成熟，工艺升级对产品质量提升明显

上海灼日新材料科技有限公司目前主要采用的是阶段式生产工艺，该工艺的好处是对设备的需求较低，设备资金投入较少，企业搭建与更换生产线的时间成本与损耗较低；该工艺的劣势是产能较低、产品损耗较大、产品质量波动性较大。但随着人们对于有机硅产品性能及有机硅生产环境要求的日益提高，借助自动化设备来解决面临的问题需求也越来越迫切。目前，国内外设备生产商已推出自动化有机硅静态混合机来满足公司的技术要求。公司在引入自动化有机硅静态混合机改进生产工艺后，不仅可以提升

产品质量，解决性能波动的问题，同时还可以改善公司生产环境，提升公司的日产量。

7. 国外生产企业关闭本国生产线，带来海外市场需求的增加

由于国外严格的环保要求标准，国外的有机硅生产企业不断地从本地市场退出，而国外有机硅市场已经非常成熟，且消费量也十分稳定，这为国内有机硅生产企业带来了新的市场，也为国内有机硅产品走出国门奠定了一个很好的基础，带来了新的活力。

（四）公司的外部威胁

目前，国内的经济形势不容乐观，企业在市场上所面临的威胁也不断加大。企业在制定发展战略的过程中一定要重视这些外部环境，这样才能促使企业更好地规避这些不利因素。上海灼日新材料科技有限公司发展中存在以下环境威胁。

1. 国内经济环境较为萎靡，市场环境不景气

随着国家经济的下行，公司所处经济环境较为萎靡，市场环境不景气。随着美国负债的增长，欧洲难民问题的加剧，国外整体的经济形势不容乐观。反观国内，虽然 2014 年度中国的 GDP 达到了 63.65 万亿元，GDP 的增长率为 7.4%，达到了国家当初设立的目标。但从具体的数据可以看出，2014 年度国内的消费、投资及进出口额的增长速度都出现了不同程度的下滑，国内经济出现下行的压力。由于国内经济的不景气，公司下游的 LED 电子等市场出现了一定程度的萎靡，这导致公司在销售过程中的竞争加剧，影响了公司的销售预期。

2. 国家反倾销保护政策的解除使市场竞争逐渐加剧

随着国家反倾销保护政策的解除，跨国企业开始进入内地市场，市场竞争逐渐加剧。目前，国家对于有机硅行业的反垄断保护已经到期，跨国公司纷纷通过投资与合资的方式在内地投资建厂，同时由于有机硅市场的发展速度与发展空间，许多国内的投资商也纷纷加入到有机硅行业的竞争大军中，而原先一些有机硅行业的先行者通过发行上市等途径获得了大量的发展资金，这也为这些企业的发展带来了巨大的提升。这些企业普遍具有上下游一体化强、产品性能优越、资金雄厚等优势，这为上海灼日新材料科技有限公司的生存与发展带来了巨大的挑战，也是公司在后续发展中需要

一一征服的。

3. 公司处于有机硅行业的下游，公司上下游一体化程度较低

国外大型的生产企业生产线覆盖了有机硅产业链的上下游，企业不仅可以通过控制上游生产的原材料的工艺及产量充分满足下游产业的需求，还能够控制产品的原材料价格波动及原材料性能波动。同时，企业还可以通过从上游工艺的改进提升产品的性能属性，提升产品的附加值。通过这样一个上下游结合，企业在经营过程中的抗风险能力显著提高。而上海灼日新材料科技有限公司作为一个有机硅下游企业，企业的上游拓展能力有限，所以原材料价格常常受上游企业影响，企业的原材料供应及企业利润受原材料价格波动影响较大。

4. 国家对于环保的严控，导致公司环保支出不断加大，并带来政策的不确定性

虽然在国家的“十二五”规划中有机硅材料仍是国家重点鼓励与引导的行业，但随着行业的逐渐饱和，政府的相关鼓励政策及力度也在不断减弱。而随着国家新《环保法》的实施，一些生产工艺落后、生产环境不符合国家环保要求的企业的生存环境与空间也越来越小。

5. 通用性产品竞争激烈，压价及账期拖延的问题

随着国内经济的下行，国内有机硅市场的竞争开始加剧，尤其是一些生产规模较小、产品技术含量较低的企业在低端市场的竞争中进入到白热化的阶段。这样一个恶劣的市场环境，在一定程度上影响了上海灼日新材料科技有限公司销售现状。具体表现为，公司在销售过程中的压价现象开始普遍，同时公司在销售过程中的账期也被不同程度地拉长了，这严重影响了企业的资金流转速度，导致企业的资金链变得紧张。

6. 大城市“人口红利”消失，公司的用工成本在不断上升

中国作为世界的人口大国，是人力资源最为丰富的国家，而上海作为中国的经济之都，也一直受益于“人口红利”的影响。但随着这些年上海对于人才政策的调整，企业在用工端的人力成本也在不断上升。同时，有机硅行业是一个相对工作环境较为恶劣的工作，这严重影响了一批“90后”投身到这个行业中来。所以，上海灼日新材料科技有限公司这几年越来越感受到招工难以及用工成本不断上升的压力，而这些用工压力也会转化成为企业

发展的阻力。

7. MS 聚醚材料的市场化可能侵占有机硅材料的市场份额

随着技术的发展，MS 聚醚材料的市场化可能侵占有机硅材料的市场份额。改性聚醚密封胶是一种基于硅烷封端聚醚的交联聚合物，这类产品结构特殊，兼具硅橡胶及聚氨酯胶的优点。但这类产品的原材料生产工艺不稳定，生产成本较高，目前主要应用于高端建筑行业。目前延伸至电子电器领域的产品不多。但随着技术的不断发展，MS 聚醚材料的市场化应用会更加广泛，最终有可能侵占有机硅材料的市场份额。

三、战略选择

（一）公司的战略预选分析

通过上述对上海灼日新材料科技有限公司的 SWOT 分析，可以获得 SWOT 分析表（见附表 1）。

附表 1　上海灼日新材料科技有限公司 SWOT 分析

	S 优势 S1 公司的科研能力较强 S2 公司具有一定市场占有率 S3 公司有一支专业的团队 S4 公司的整体成长较快 S5 公司销售区域布点较完善 S6 管理层级较少 S7 公司已建立宣传渠道	W 劣势 W1 主营市场进入“瓶颈”期 W2 公司涉及的行业较为单一 W3 公司的资金周转率较低 W4 公司采购端议价空间较小 W5 公司的生产工艺较为落后 W6 公司的销售成本占比较大 W7 公司的激励机制有待改善
O 机会 O1 有机硅材料仍有市场 O2 电力行业市场机遇较大 O3 有机硅进入门槛较高 O4 原材料供应充足 O5 国家鼓励发展融资 O6 新工艺发展成熟 O7 海外市场需求在增加	SO 战略 S1-S2-S3-O1-O3：规模化市场增长战略 S4-S5-O4：上下游一体化合作战略	WO 战略 W2-W3-O4：高附加值差异化战略

续表

T 威胁	ST 战略	WT 战略
T1 市场环境不景气 T2 国外资本进入带来竞争 T3 上下游一体化程度较低 T4 环保政策的不稳定性 T5 通用产品竞争激烈 T6 用工成本不断上升 T7 聚醚材料的发展可能性	S1-S5-T2：发展上游产业战略 S1-S4-S5-T5：稳定主营业务发展战略	W1-T1-T2-T5：保守型维护发展战略

企业在其发展过程中有着大致四种不同的选择：①通过企业自身优势及发展机遇进行发展的增长型 SO 战略模式；②通过企业发展自身内部优势来克服外部不利情况的多样性 ST 战略模式；③通过企业发现差异点与潜在增长点，利用有限的资源进行差异化发展的扭转型 WO 战略模式；④通过企业自身治理，提升企业自身竞争力来克服外界竞争力的防御性 WT 战略模式。

通过对上海灼日新材料科技有限公司进行 SWOT 分析可发现，将该公司的内部优势与劣势及外部机会与威胁相互结合可以形成许多战略组合，这些战略组合为公司的发展提供了许多战略参考。

1. 增长型 SO 战略模式

增长型发展战略是企业发展壮大必须经历的一个过程，也是企业跨越发展“瓶颈”从一家中小型企业发展成为一家大型企业的必由之路。企业在发展过程中，如果企业所处的内部环境及外部环境较为友好，企业可以选择增长型发展战略。

（1）S1-S2-S3-O1-O3：规模化市场增长战略。上海灼日新材料科技有限公司通过十多年的发展，已经从一个小微型企业逐渐成长为一个具有一定规模、实力与品牌辨识度的中型企业。目前企业的客户群较为稳定，企业的销售额也在稳步增长，公司可利用自身优势，通过融资、收购等方式提升市场份额。

（2）S4-S5-O4：上下游一体化合作战略。国外大型的生产企业生产线覆盖了有机硅产业链的上下游，企业不仅可以通过控制上游生产的原材料的工艺及产量充分满足下游产业的需求，也可以控制产品的原材料价格波动及原材料性能波动。随着大量的有机硅单体企业的设立，上海灼日新材料科技有限公司与上游企业谈判的话语权开始提升。公司可以通过上下游一体化合作战略的方式加强与上游生产企业的合作，不仅可以降低采购成本，同时可以通过从上游工艺的改进提升产品的性能属性，提升产品的附加值。

2. 多样性 ST 战略模式

多元化发展战略是企业规避风险的一个较好的途径，通过拓展其他行业，企业可以规避有机硅行业变化带来的系统性风险。

（1）S1-S5-T2：发展上游产业战略。上海灼日新材料科技有限公司身处有机硅产业链的下游，这导致企业很难从源头上控制原材料的价格及性能波动。通过发展上游产业战略，公司可以从源头上解决原材料采购及运用中遇到的问题，提升产品竞争力。

（2）S1-S4-S5-T5：稳定主营业务发展战略。随着国内经济的下行，国内的有机硅市场的竞争开始加剧。公司目前在 LED 电子、电源等行业的销售额较高，公司可以适当降低通用品的市场份额，来保持公司主营业务的发展。

3. 扭转型 WO 战略模式

扭转型发展战略是企业在处于弱势状态下，企业利用差异化发展策略来规避弱势发展状态，利用有限的资源获得差异化发展。

W2-W3-O4：高附加值差异化战略。上海灼日新材料科技有限公司可以利用其科研能力，开发高附加值产品。由于目前公司上游行业原材料供应相对充足，企业有机会拿到特殊性能的原材料产品，公司可以利用这些原材料开发高性能、高附加值的产品，获得相对高的收益。

4. 防御性 WT 战略模式

防御性发展战略是企业在自身条件较为弱势，且其所处环境也较为恶劣的环境下，企业为维持其发展现状所采取的一种发展战略。

W1-T1-T2-T5：保守型维护发展战略。随着市场竞争的加剧，公司的部分产品面临着利润偏低的问题。公司可以通过保守型维护发展战略，通过削减低收益项目的方式来提升主要业务市场的技术及销售力量，从而提升公司在主要业务市场的竞争力。

（二）公司的战略选择

1. 公司未来5年的战略目标

上海灼日新材料科技有限公司从2004年成立至今已走过13个年头，公司也从一家两三人的小微企业成长为一家有一定规模的中型企业。企业目前已形成一支专业的技术及销售团队，企业在有机硅市场上已经获得了一定的口碑及市场占有率。在今后的5年中，上海灼日新材料科技有限公司计划建成自动化生产线2条；公司各项产品产能合计突破1万吨；公司产品型号突破100个，销售额在100万元以上的行业突破20个；公司的年销售额突破1亿元。

2. 公司的战略选择：规模化市场增长战略

根据我国的“十二五”规划，有机硅材料作为一个先进的高分子材料仍是我国重点发展的重点行业之一。在“十二五”规划中，国家对于有机硅行业的发展策略主要侧重于提高有机硅产业的准入门槛，遏制低水平重复建设，鼓励优势企业推进规模化生产。同时，有机硅产业需要通过升级生产工艺、提升技术能等方式加快转型升级，打造一个生产规模大、产品技术好、产品覆盖程度高的生产平台。上海灼日新材料科技有限公司作为有机硅行业的一员，公司的发展方向必须跟随国家的发展规划，走上规模化、自动化之路。

通过对公司的市场分析可以看出，公司目前主营的LED电子与电源传感器市场的销售处于一个发展“瓶颈”期，公司遭遇到的是生存规模、生产成本与产品质量无法满足大型客户的需要，这需要公司通过规模化发展来提升公司的产能与产品质量，从而推进市场销售份额。

通过对公司的财务分析可以看出，虽然公司的销售额提升较大，但公司的资产总额总体上升有限。同时，公司目前的应收账款的占比相对较大，这样一个情况也是目前外部宏观环境造成的，公司如果要进一步扩大规模，需要企业通过融资等手段来解决目前遭遇的问题。

通过对公司的生产线分析可看出，目前自动化生产线已发展成熟，这种工艺必将会成为未来生产企业的主要生产模式。且公司有一批设备已处于需要更新的状态，公司后续如仍选用陈旧的阶段式生产工艺，将会在未来落后于竞争对手。所以，公司后续的生产规模与生产工艺决定了公司未来的发展

走向。

通过上述分析可以看出，上海灼日新材料科技有限公司目前的市场环境及企业内部环境相对来说都较为良好。根据公司未来十年的战略发展目标，公司应结合自身优势，发展适合自身环境的增长型路线。综上所述，上海灼日新材料科技有限公司需要通过规模化市场增长战略来引领公司走向发展壮大之路。

3. 公司的职能层战略选择

企业的具体发展还是需要职能层来实施的，这需要企业将公司的总体发展战略分解成具体的职能层战略。所以，通过结合企业的内外部环境因素与公司的总体发展战略，公司的职能层战略如下：

（1）主营市场发展战略。随着 LED 技术的成熟，LED 电子产品的市场规模仍在不断增大。虽然公司在这个行业的市场销售额较高，但公司的市场占有率仍有很大的挖潜空间。上海灼日新材料科技有限公司可以通过主营市场发展战略来扩大公司的销售额。

（2）特定化市场发展战略。随着国家城乡电网改造及西部大开发的推进，电力行业进入了一个管线更新换代的阶段，而有机硅材料凭借其优异的电气性能及阻燃性能在该行业的市场容量与市场前景都非常巨大。由于国内经济下行，伴随着 LED 电子行业增长的放缓，上海灼日新材料科技有限公司可以通过发展特定化市场发展战略来扩大公司的销售额。所以从营销业务层面出发，公司应采用主营市场增长战略与特定化市场发展战略相结合的方式。公司在维持原有市场的基础上，对公司周边及客户周边企业进行市场拓展，结合公司后续推进的质量发展战略，公司的市场占有率及销售额都会有一个很大的提升。

（3）融资发展战略。从财务业务层面出发，公司应采用融资发展战略，公司通过创业板或股权转让系统中获得的资金推进公司的市场规模及市场占有率。目前，上海灼日新材料科技有限公司的业务已初具规模，公司可以通过融资的方式扩大公司的市场规模，提升公司的市场占有率。

（4）质量发展战略。从生产业务层面出发，公司应采用质量发展战略。公司从更新生产设备及工艺出发，提升公司产品性能的稳定性及公司的产能。提高产品质量是企业赢得客户、赢得竞争的永恒话题，产品质量也是企业最有效、最直接的一张企业名片。上海灼日新材料科技有限公司目前的生产工艺属于阶段式生产工艺，存在生产性能不稳定、产能较弱的问题。公司通过质量发展战略，不仅可以提升公司的产品质量，也可以提升公司的产量。

（5）互联网发展战略。从网络推广出发，公司应采用互联网增长战略。公司从网络媒介出发，扩大公司的销售渠道与品牌知名度。企业可通过网络平台宣传、网络平台销售开始，将国内业务拓展为国际业务，使企业能够在互联网的春风中扬帆海外市场，提升企业的市场结构。企业也可以尝试在上游供应商与下游客户之间搭建“物联网”技术，利用物联网的数据统计及数据反馈来控制企业的原材料、产品的库存，使企业在经营过程中能够尽可能地控制库存风险，达到目前互联网销售企业追求的“零库存”。

四、战略实施与控制

企业如何制定正确的发展战略是企业发展的基础，但如何正确、高效地执行当初制定的发展战略也是企业发展的关键。企业的发展战略规划的时间较长，在这段时间中企业可能面临的变化是决策者无法预料的，这就需要企业在战略实施的过程中进行战略控制。而有效地对企业发展战略进行调整也是企业发展过程中面临的一个难题，这需要企业的管理者与各个业务部门积极面对。

（一）战略实施

上海灼日新材料科技有限公司的战略实施，需要根据企业的运行环节、业务分工等模式进行智能分解，通过不同部门、不同环节制定相应的战略来形成整体的规模化市场增长战略，一步一步地使企业走向规模化发展之路。

1. 主营市场发展战略

随着 LED 技术的成熟，国家将半导体照明列入国家扩大内需产品之一。随着国家政策的推进，国内 LED 电子生产企业已从 2004 年的 30 家发展到 100 多家，销售额从 2006 年的 50 亿元增长到 2015 年的 5000 亿元。公司目前主要的业务市场在 LED 电子行业及电源传感器行业，目前公司在这两个行业的销售额比较稳定，但 2014 年度公司在这个行业的销售额为 2200 万元，与这个行业的整体消费量相比差距仍然非常巨大，公司在新客户开发与老客户产品替代方面仍有大量的发展空间。

上海灼日新材料科技有限公司在LED电子及电源等行业可以在维持目前状态下进行一个市场增长战略，后续发展中可以通过以下两个方面进行。

第一，利用企业的行业知名度及产品的性价比进一步发展老行业内的新客户，将企业成熟的产品与应用工艺推广到每一个客户的身边。上海灼日新材料科技有限公司目前在LED电子及电源行业的产品较为成熟，公司的配套解决方案也较多，公司可以将这些配套解决方案进行横向推广。通过对2014年度市场推广遭遇“瓶颈”的原因进行分析可看出，企业在市场拓展过程中放弃了很多需求量很大但产品利润相对较低的客户。发展这类客户不仅可以有效提升公司的产品销量，同时也可以帮助公司在采购端获得更多的话语权。但公司在介入这类客户时需要结合融资带来的资金流及工艺升级带来的产能提升，需要技术部门进一步做好产品降成本工作，同时采购与生产也要有效控制产品成本，为公司的市场推广带来更大的竞争力。

第二，在现有客户的身上发掘增长点，通过产品替代、材料升级等方式尽可能地发掘客户的应用潜力，提升企业的销量。对于公司现有客户在维护的同时对于客户新的需求也要进行跟进与发掘，配合客户进行产品的成本控制及新工艺开发。由于客户在其销售市场竞争力的需要，客户对于原材料经常有成本控制的需求。这需要公司的技术人员在不影响产品性能的基础上，尽量降低产品的成本，配合客户进行市场拓展，提升客户的产品销量，也帮助自身提升了产品的销量。同时，客户在进行新的应用端的开发时，会需要公司提供新的产品进行配套，这需要公司的技术人员及时跟进客户的技术需求，配合客户进行新产品、新工艺适配，不断开发新的产品型号与适用的行业范围，帮助公司在后续的市场拓展过程中获得先机。

作为公司营销部门最主要的发展战略，市场增长战略在推广过程中需要其他部门各司其职做好辅助配套工作。首先，采购部门需要做好原材料供应稳定性、采购价格控制及货款账期控制等方面的工作；其次，技术部门需要做好降成本实验、新产品研发及产品适配性实验；再次，生产部门需要做好产品质量控制及生产损耗控制等工作；最后，公司的管理层需要做好工作协调等相关工作。

2. 特定化市场发展战略

目前，电力行业正处于一个管线更新换代的阶段，而有机硅材料凭借其优异的电气性能在该行业的市场容量与市场前景都非常巨大。目前，上海灼日新材料科技有限公司在该行业已有两家成熟应用的客户，且需求量也在稳步提升，但该类客户在电力行业内属于少数中高端企业，整体数量不多。针对这个行业，上海灼日新材料科技有限公司可以抽调市场部、销售部、技术部的精英组建项目组，以项目组的方式对该行业进行深耕。利用该市场部的人员对该类企业的上下游市场环境、市场规模、企业分布、工艺应用进行专项的市场调研。再利用技术研发人员针对这一行业的性能要求及工艺方式进行产品研发，并利用销售部人员开发 1~2 个新兴客户进行产品试用，并让技术部人员进行后续工艺适配及跟踪技术支持。由于这类客户在选择使用有机硅产品时需要更新生产设备及生产工艺，这加大了企业的选择成本，导致一部分客户因为生产线升级费用等问题拒绝使用有机硅产品。针对此类客户，上海灼日新材料科技有限公司可以通过市场调研及客户分析，选择行业规模较小但发展趋势较好的客户，为其提供生产线租赁服务及工艺技术支持，降低下游企业更换设备的成本，同时提升企业与客户的紧密度与客户黏性。而上海灼日新材料科技有限公司也可以与设备生产企业签订战略合作协议，在销售产品的同时也可以销售生产设备，不仅可以达成与设备生产商的“双赢”局面，也可以让企业完成在该行业的上下游生产、应用一体化进程。

在抓住电力行业更新换代进行特定化市场发展战略的同时，公司也需要通过项目组开发的模式努力寻找新的市场增长点。公司通过将销售人员与骨干技术人员组成项目组的模式进行新市场拓展。公司通过项目组科研补助、提高新产品销售提成等方式进行员工激励，提升员工在新市场拓展中的积极性。

3. 融资发展战略

目前国内的有机硅行业进入了一个群雄纷争的时代，首先，跨国公司纷纷通过投资与合资的方式在内地投资建厂；其次，国内龙头企业通过发行上市等途径融得了大量的发展资金，用于企业的扩张与升级；最后，许多其他行业的风险投资商也纷纷加入到有机硅行业的竞争大军中，让这个行业迅速进入一个行业饱和阶段。而这些企业与上海灼日新材料科技有限公司相比，普遍具有上下游一体化强、产品性能优越、资金雄厚等优势，这导致企业在

今后的发展过程中十分被动。所以，上海灼日新材料科技有限公司急需一个有效的融资渠道，来实现自身快速成长的目标。

由于公司发展状况较为良好，公司在前期也不断收到同行业企业及风险投资收购股权的邀请。但这些收购大部分需要全额收购或需要公司签订对赌协议，这违背了股东设立公司之初的意愿，也不利于公司的后续发展。鉴于目前我国大力推进“新三板”来解决中小企业融资难等问题，而“新三板”是经国务院批准设立的第一家公司制的证券交易场所，其定位于非上市股份公司股票公开转让和发行融资的市场平台，为公司提供股票交易、发行融资、并购重组等相关服务，为市场参与人提供信息、技术和培训服务。随着中小企业股份转让系统在全国如火如荼地展开，“新三板”将是上海灼日新材料科技有限公司一个首先的融资平台，原因如下：

第一，作为股权交易的新兴市场，“新三板”是目前企业较为便利的一个融资渠道。上海灼日新材料科技有限公司通过股权流通，可以获得一定的市场价值认可。同时，随着“新三板”的不断壮大，更多的风投、PE 将关注“新三板”企业，企业将会获得更多的发展与投资机会。

第二，公司如果在“新三板”挂牌后，企业的市场价值与品牌价值更便于获得市场与银行的认可。通过企业股权进入“新三板”流通后，企业的品牌估值将会有一个很大的提升，同时企业的融资成本与融资便利性也能够得到一个很大的改善。同时，企业通过“新三板”引入投资方或品牌管理方后，企业能够在资金、品牌形象、管理水平方面都能得到一个很大的提升。

第三，公司如果在“新三板”挂牌后，根据上海市对于中小企业帮扶政策，公司还可享受园区及政府的财政补贴。公司可以利用这些财政补贴来扩充企业的资金流，提升企业的发展能力。

第四，公司如果在“新三板”挂牌后，公司将增加一条通往更高层次资本市场的绿色通道。公司可以以“新三板”挂牌为契机，努力提升企业的市场规模与发展动力，争取在后续的发展中达到主板上市的能力。

利用“新三板”来进行融资不仅可以解决公司的资金问题，同时还可以提升公司的整体形象。目前，上海灼日新材料科技有限公司已经与券商和律师事务所进行沟通洽谈，正处于“新三板”挂牌筹划阶段。

4. 质量发展战略

提高产品质量是企业赢得客户、赢得竞争的永恒话题，产品质量也是企业最有效、最直接的一张名片。上海灼日新材料科技有限公司目前的生产工艺属于阶段式生产工艺，存在生产性能不稳定、产能较弱的问题。

针对此类问题，公司着力从生产设备更新开始，引进更为先进的自动化生产设备。而新型的自动化生产设备使企业的生产模式从分段式升级为自动化挤出式，这种生产方式不仅可以有效改善企业产品性能波动，也大大提升了企业的产品生产产能，同时产品生产损耗也得到有效降低，降低对人工的高依赖。同时，自动化设备的引进，也意味着企业的产能从中小型企业成长为中型企业，意味着企业的产品质量与原来有着巨大的提升。

公司可以先将一台 50L 及一台 200L 的行星搅拌设备升级替换成自动化静态混合设备。这样一个替换方式不仅可以使企业在空间占用上压力较小，而且这两台设备的人员配备正好可以满足新设备的人数，公司不需要另行招聘新的员工。同时，公司仍旧保留了一台 50L、3 台 500L 的生产设备，可以保证公司在工艺升级过程中能够满足客户的正常产量需求。在第一条静态混合设备运行平稳后，公司再考虑引入第二条静态混合生产线，公司争取在 2020 年达到 1 万吨的产能预期。

5. 互联网增长战略

李克强总理在政府工作报告中将“互联网+”战略上升为国家战略，这也意味着“互联网+”战略在今后的发展中将会起到十分关键的作用。“互联网+”本质上就是互联网与实体型企业的结合，利用互联网平台的信息化结合实体型企业的功能化发展出一种全新的生态模式。而互联网的大数据功能与开放式功能也为企业的后续发展带来可能性。

在目前这样一个网络科技飞速发展的情况下，企业可以以“互联网+”为发展契机，制定互联网增长战略。企业可以通过网络平台宣传、网络平台销售开始，将国内业务拓展为国际业务，使企业能够在互联网的春风中扬帆海外市场，提升企业的市场结构。企业也可以尝试在上游供应商与下游客户之间搭建物联网技术，利用物联网的数据统计及数据反馈来控制企业的原材料、产品的库存，使企业在经营过程中能够尽可能地控制库存风险，达到目前互联网销售企业追求的“零库存”。企业还可以利用论坛及微信等平台为

行业内的专业人员搭建一个行业信息及行业技术的交流平台，企业在这些平台内不仅可及时掌握行业信息，也能够让企业在交流过程中发掘人才，助力企业发展。

（二）战略控制

由于市场、经济环境、企业自身等因素的不确定性，企业在发展战略实施过程中必然会受到多方面的影响。因此，公司需要在战略实施的过程中进行战略控制，保证企业的发展战略能够处于一个良好的实施状态。

1. 建立战略实施控制体系

公司在战略制定以后，公司的管理层及公司的各个业务部门对于自身的发展目标都相对明确，公司的各个部门都要严格按照公司制定的战略实施。但由于公司的发展是动态的，这需要公司建立一个战略实施控制体系。首先，公司可以在各个岗位选取监督代表，建立监督委员会。各个监督代表及时收集公司发展过程中的各类信息，及时反馈给监督委员会。其次，监督委员会在收到问题后及时通过协调各部门进行战略微调。最后，监督委员会如果不能解决，公司需要通过股东大会来协商解决公司战略实施中遇到的突发问题。

2. 建立监督考核机制

上海灼日新材料科技有限公司的组织结构相对简单，各个部门之间的职能交叉与重复不可避免。为了保证公司发展战略的顺利实施，公司可以通过建立项目组、业务组、工作组等方式引入绩效考核机制。通过考核，使员工能够更加清晰地了解到企业发展过程中自身所需承担的责任，同时公司也可以通过考核与奖金挂钩的方式进一步激励员工的工作积极性。

案例三　中煤龙化哈尔滨煤化工有限公司安全生产经验

中煤龙化哈尔滨煤化工有限公司坚持以安全质量标准化工作为主线，突出安全质量标准化体系建设和体系运行，加强领导，健全机构，全员参与，强化现场管理，培育安全文化，加强安全质量标准化创新力度、培训力度、考核力度和奖惩力度，不断完善标准，开展对标、达标活动，从而使安全质量标准化工作跨越了新高度，迈上了新台阶。

一、企业基本概况

中煤龙化哈尔滨煤化工有限公司（原哈尔滨气化厂），始建于1993年，2006年底划转中国中煤能源集团有限公司，隶属中煤黑龙江煤炭化工（集团）有限公司，为中央直属企业。中煤龙化哈尔滨煤化工有限公司（以下简称中煤龙化化工公司）是“八五”期间国家重点工程，国有大Ⅰ型企业，公司位于黑龙江省依兰县达连河镇，占地面积约100公顷，固定资产28.6亿元，现有在册职工3410人。2010年列中国化工企业500强第171位。

公司自1993年投产后连续向哈尔滨市供应城市煤气，2009年9月18日停止向哈尔滨市供应城市煤气。公司具有装备密集、技术复杂、生产连续性强等特点。主要产品：甲醇30万吨/年、中油2万吨/年、轻油0.5万吨/年、粗酚0.32万吨/年、液氨0.26万吨/年等，2010年公司建成投产1.2亿立方米/年人工提取煤基天然气。

中煤龙化化工公司是黑龙江省文明单位标兵，2007年获得中国化学工业企业文化建设先进单位；2009年荣获全国“企事文化建设百家贡献单位”“中央企业先进集体”等多项荣誉称号；2009年度荣获“国家危险化学品从业单位二级企业”，2010年度荣获中煤集团“安全质量标准化一级工厂”荣誉称号。

公司始终把安全生产工作摆在高于一切、重于一切、先于一切、压倒一切的位置，努力构建企业安全文化建设，推进安全质量标准化工作，实现公司科学发展、安全发展、健康发展，为社会发展做出更大贡献。

二、完善安全管理制度，健全安全质量标准化体系

（一）明确工作职责，建立工作体系

公司每年都制定安全质量标准化工作实施方案，分解安全质量标准化考核评级细则，成立了以总经理为组长的安全质量标准化领导及自评小组，明确工作任务，实行统一领导、统一规划、统一布置、统一考评。建立了

“技术定标准、生产抓落实、安全抓考核”的安全质量标准化工作体系，构建党、政、工、团齐抓共管格局。公司安全质量标准化体系标准分为基础部分、主要化产、辅助化产、机电等标准。

（二）建立健全五种标准，提升了标准水平

2010年提出了“四基工程”建设，重新修订、补充和完善安全责任制、安全目标管理等安全管理制度、标准、办法方案共计50项。各职能部室对现有企业标准进行了全面的梳理、修订、补充和完善583项，从而使公司各项管理更加制度化、规范化。为保证各项标准落实到位，公司提出了“突出六条主线，强化绩效考核”，即安全管理线，设备管理线，环境卫生线，劳动纪律线，定置管理、制度执行线，修旧利废线，并纳入每月绩效考核。

（三）加强考核评级，完成达标计划

公司每年都制定安全工作目标及重点工作，并以公司一号文件形式下发，年初召开年度安全工作大会，总结上一年度安全生产经验及存在不足，部署下一年度安全生产工作，并与公司28个基层单位签订《安全质量标准化目标责任书》，各单位再逐级签订，实现了安全生产人人有责，并制定了奖励与考核办法，加大了安全生产责任追究力度。分厂、车间每旬对标准化检查考核一次，公司每月组织生产、技术、机动、安全等相关部室对基层单位达标情况进行一次全面考评，最终纳入年度安全质量标准化考核中，每月公司召开例会，总结、分析、部署安全质量标准化工作。

通过开展安全质量标准化工作，实现了安、稳、长、满、优，减少了事故次数，提高了产品产量，增加了效益。

三、培育安全文化，营造安全氛围

安全文化是安全工作的灵魂，理念引领是制度约束的升华，公司长期以来高度重视企业安全文化建设，有效地促进了安全生产持续发展。

（一）以核心理念引领，提升员工思想认识

企业文化具有渗透作用，安全文化亦不例外。安全理念的形成归结于广大员工的认同，其最终目的是牢固根植于员工的灵魂深处。龙化化工公司以“零死亡”为奋斗目标，大力倡导“安全为天，生命至尊”“员工生命安全高于一切”“无人则安”“企业安全发展、班组安全生产”等先进安全理念，

通过宣传、培训、各项主题活动使公司的安全文化理念不断深入人心，不断强化员工遵章守纪意识和安全价值观，切实提高全体员工自主保安、相互保安和业务保安的自觉性、主动性，使员工从“要我安全”向“我要安全”的理念转变。

（二）以各种活动为载体，促进安全文化深入人心

公司自投产以来连续 18 年开展了越冬会战，经过所有员工的共同努力，实现了 PKM 气化炉在高寒地区连续化生产。连续开展“冬季百日安全生产活动”，在活动中开展宣传教育、班组长安全培训、目标量化考核等方式，保证了公司冬季无事故安全生产。围绕全国“安全生产月”开展的主题活动，在全公司范围内广泛开展安全文化普及活动，组织开展安全生产月宣传咨询日活动；以安全生产月为契机，公司悬挂条幅，并利用广播、电视、板报、散发安全宣传单等宣传媒介，向职工及周边群众宣传安全生产法律法规，播放典型案例安全教育片，开展安全宣讲比赛活动，组织员工参与全国“安康杯”知识竞赛活动，进一步推动安全生产法律法规的贯彻落实，普及安全知识，弘扬安全文化，进一步营造安全发展的舆论环境。

公司高度重视消防工作，连续 18 年开展“11·9”消防系列活动，组织职工开展消防技能演练、现场消防管理考核、消防知识竞赛活动，增强了员工对灭火器材使用熟练程度，提高了防火防爆安全意识。

（三）依靠群监组织，强化党管安全的运行机制

公司始终围绕安全生产开展群监工作，设有完善的群监组织机构，现有 183 名群监员，覆盖到所有生产班组。公司推行班长抓安全，副班长抓生产，群监员监督安全的做法，充分发挥群监员监督作用，实现群防群治。公司党委坚持以科学发展观为指导，全面部署党管安全工作，不断探索党管安全的有效途径，以落实党管安全责任为切入点。结合创先争优活动，开展了“党员身边百日安全无事故”活动，创新了党管安全的新载体。制定了《中煤龙化化工公司领导安全生产分片包点工作制度》，538 名党员干部参加，党委委员包片、总支委员包块、共产党员包点、党员集体承诺、共产党员“一带一”“名师带高徒”，争做“党员先锋岗”、争创“安全生产示范岗”“安全合理化‘金点子’征集”“七突出七创造”等活动，并召开了群监员工作交流会，在公司推广了多名群监员、青安员、优秀车间主任和班组长的

工作经验。

各级党组织充分发挥宣传阵地优势，组织开展“企业安全文化建设文艺汇报演出”活动，紧紧围绕宣传安全理念、贯彻安全知识、树立安全意识三条主线进行策划和筹备。所有节目均为员工自编自演反映安全生产为内容的各类文艺节目，内容丰富、构思新颖，不仅丰富了员工的业余文化生活，而且也让员工在寓教于乐中受到深刻的安全教育，于潜移默化中影响和改变了员工的安全意识。通过党政工团齐抓共管，形成全员、全过程、全方位的安全管理机制，有效地促进了安全生产持续健康发展。

（四）强化班组培训力度，提高员工安全操作技能

班组单位虽小，却事关大局；班组长职务不高，却责任重大。没有较高安全素质的班组就没有公司的安全发展。深入推进以班组建设为重点的“双基工程”，始终把班组安全培训作为重要工作来抓，每年度都开展班组长安全培训教育班，加强班组长安全培训工作，是全面提高班组安全意识和操作技能、规范作业、杜绝“三违”行为，并从根本上防止事故发生的有效途径。公司始终推行班前会“五个一、六必讲”活动，2010 年公司深入学习实践白国周班组管理法。为充分发挥班组长的管理，公司多名班组长参加了清华大学与国资委举办的班组长认证学习，并取得了良好的效果；公司甲醇分厂 4 班创建了《“1234”像首歌，班组安全大家做》管理法，获得了国资委授予的“红旗标杆班组”荣誉称号，在公司内引起了强烈反响，掀起了学习甲醇 4 班安全管理的热潮，空分分厂创建了《“1246”工作思路，打造特色型安全班组》《“1244”技术培训法，不断提高职工整体素质》等先进的管理法。

2011 年，公司围绕班组管理制度化、操作标准化、行为规范化、考核精细化“四化”建设，打造学习创新型、自主管理型、专业技能型、安全和谐型、生产文明型“五型”班组。开展班组工作“三步骤”：坚持班前安全教育“六必讲”，开展危险预知和风险评估；坚持班中岗位操作规程执行，严格隐患排查，安全不确认不生产；坚持班后复查、评估和考核。公司通过多渠道推进具有公司特色的安全文化建设落实到班组，把制度的硬管理与文化的软管理相结合，不断强化员工遵章守纪意识和安全价值观念。

（五）加大安全投入，改善作业环境水平

安全生产环境的好坏是企业能否做到安全发展、持续发展的关键，加大安全资金投入、改革改进生产工艺、提高装备现代化水平是安全生产的重要保障。2010 年公司安全生产费用投入 521 万元，全部用于改善、更新安全防护设备设施、应急救援防护设备、人员防护设施、安全检查评价整改、安全技能培训等方面，针对部分操作间粉尘、噪声超标等问题，拆除重建 4 个、新设 10 个操作间，并高于国家标准及时发放劳动防护用品；每年委托具有监测资质的卫生评价机构进行一次职业卫生监测与评价。全年为 1806 名接触有害因素的员工进行职业健康检查，对从事放射线工作人员全部进行了上岗前、在岗期间及离岗后的职业健康检查。

四、推进科技进步，提高技术装备安全保障能力

坚持科技兴安战略，安全生产离不开安全科技，防事故、除隐患以及事故发生后的应急救援工作，都亟须安全科技进步。

公司高度重视提升科技水平对安全的重要性，不断加大投入，淘汰了选煤水洗车间落后的跳汰洗选工艺，技改为重介洗选，年加工量从原 180 万吨提高到 320 万吨，自动化水平有了明显的提高，减少了生产环节和人员；淘汰了原克劳斯硫回收工艺，采用丹麦托普索公司 WSA 工艺回收 H2S 废气。本项目投产后，年处理含硫化氢废气 640 万标准立方米、生产浓硫酸 7000 吨，为治理大气污染做出了贡献。对原有操作系统实施 DCS 改造，并在总调度室建立生产管控网，实现了计算机自动化控制。新增视频监控，实现了在线实时监控；在总调建立了消防控制中心，完善了全公司火灾报警和控制系统。对甲醇分厂 25 万吨装置，背压汽轮机平衡管改造，使联合压缩机组承载负荷能力提高，从而提高了甲醇产量，解决了背压机频繁烧瓦的问题；对选煤分厂 117#、118#、403#、404#、414#皮带提速改造，更换了驱动装置，提高了输送能力和安全运行水平。通过加大安全投入，提高装备水平，公司的装备先进程度逐年提高，实现了科技兴安，装备保安，大大增强了公司抗风险能力，确保了安全生产。

五、实施风险预测预警，强化现场管控

18 年的安全工作经验告诉我们，抓安全必须始终坚持预防为主，把事故预防作为促进安全生产的主攻方向。凡事预则立、不预则废，公司始终牢固树立“各种作业都有风险”的理念，按照“先分析、先防范、后作业，不分析、不防范、不作业”，“操作和作业必须受控”的原则对各种生产作业环节进行管控，在进行检修、改造、重大设备启停车等常规、非常规作业，尤其是危险性较大的作业活动时，都能做到风险分析在前，安全对策措施可靠，风险有效受控后再作业，并且按照“一项目一措施”，“一工程一方案”实施。

公司严格执行化工企业安全生产禁令，严格票证管理，从严把关。化工企业安全生产禁令，即“生产区十四个不准”“操作工六严格”“动火作业六大禁令”“进入容器、设备八个必须”“机动车辆七大禁令”等 41 条化工安全生产禁令必须严格遵守，制定相应的管理考核方法，对违反禁令要求的进行批评教育和经济处罚。严格并规范八大票证，即《动火安全作业证》《动土安全作业证》《设备检修安全作业证》《受限空间安全作业证》《抽堵盲板安全作业证》《吊装安全作业证》《高处安全作业证》《断路安全作业证》的办理程序，票证办理明确到责任人，作业内容明确，安全措施落实到位，作业程序规范，安排专人监护，杜绝讲空话、走形式。

六、树立目标，推进创建安保型企业

公司认真贯彻落实全国安全生产工作会议和《国务院关于进一步加强企业安全生产工作的通知》精神要求，按照中煤集团及龙化公司《落实企业主体责任，创建安保型企业》总体部署，夯实安全生产工作基础，完善安全管理体系，提升文化引领作用，提高安全管理水平和安全保障能力，实现公司安全生产工作目标。

公司致力于创建安保型企业，通过三年的努力，实现了这一目标：2011 年为“启动年”，重点任务是围绕创建安保型企业“十个方面”，编制安保型企业标准和实施细则，宣传发动、对标检查、分析梳理、提出对策、制订计划、落实整改。2012 年为“提升年”，重点任务是围绕安保型企业标准、实施细则和工作计划，规范管理、夯实基础、提升素质、典型引领、全面推动。2013 年为“达标年”，重点任务是巩固提高、完善提升，初步建成安保型企业。

公司努力开展安全文化建设，引领安保型企业创建工作。在安全生产工作中做到“三深化”“三推进”“四强化”。深化安全生产主体责任落实，创建安保型工厂，提高依法依规安全生产能力；深化各种作业监管，提高事故防范能力；深化毒气、尘、噪声、高温专项治理，提高职业病防控能力；推进技术进步，提高技术装备安全保障能力；推进安全质量标准化达标，提高规范化管理能力；推进长效机制建设，提高可持续安全发展能力；强化班组安全教育培训和安全文化建设，提高群防群治能力；强化重大危险源和重大隐患监控预警，提高重特大事故防范能力；强化安监队伍建设，提高科学监管能力；强化应急管理，提高事故救援和应急处置能力。

安全生产只有起点、没有终点，安全工作是一项公共事业，安全生产人人有责，公司将以安全文化建设促进安全生产，实施全员、全过程对安全负责，实现安全工作无缝对接，公司将遵照国家安全监管总局《安全文化建设示范企业评价标准（试行）》，有计划、有步骤地开展安全文化建设，积极学习借鉴国内外先进的管理经验，适应发展需求，提升管理水平，培育更高层次的安全文化，把安全文化融入制度，融入管理，融入到员工思想和行为，使遵章守纪、崇尚安全成为全体员工的自觉行为，有力支撑安保型企业的创建。

案例四　重庆市映天辉氯碱化工有限公司环保工作经验

一、企业基本概述

重庆市映天辉氯碱化工有限公司（以下简称重庆映天辉）位于重庆长寿化工园区，由重庆江北化肥有限公司、重庆华强化肥有限公司共同投资组

建，注册资本10650万元，占地521亩。公司利用长寿地区丰富的地下岩盐资源，主要从事氯碱化工产业，规划建成30万吨以上规模的综合性氯碱化工企业，销售收入达到20亿元以上。2009年9月，重庆映天辉正式建成投产，烧碱装置产能规模为18万吨/天。企业主要园区MDI项目配套供应液氯、烧碱，处理巴斯夫返回的废盐水，企业内部下游配有一套三氯乙烯装置。作为一个传统氯碱企业，污染排放物主要有氯碱再生含盐废水、盐泥、三氯乙烯装置副产的危废、电石湿渣等。

为了适应国家“十三五”期间环保规划和当前不断强化的环保法制化管理的要求，围绕第四次工业革命，企业的生存发展必须紧跟时代的步伐。重庆市映天辉氯碱化工有限公司作为一个传统型氯碱企业，为适应发展需要，在生产经营管理方面不断向国内的先进、领先的企业、企业家学习交流，不断探索新的经营管理之路，不断尝试新的技术成果，持续不断地投入改造、研发，致力于使企业始终保持强劲的生命力、生存力，能够在政策环境变化、产业革命中不被淘汰出局。

二、面临的环境变化及内部存在的问题

（一）政策环境变化

有的工业企业为追求利润最大化，缺乏内在的治理污染动力，其主要原因就是环境成本可以外部化。企业会对生产中产生的污染物不加治理或者减少治理进行排放，让社会承担环境成本。2015年1月1日新环保法实施，通过法律，把环境成本转化为企业内部成本，促使企业治理污染，保护环境。环保部门不断加强对企业的环保执法检查、督查。执法部门关停、处罚大量环境违法企业，并对违法人员根据刑法进行处罚。

（二）内部运行问题

原有管理组织架构不能适应环保管理要求。公司设专职安全环保部门，负责企业日常的安全环保管理，各生产车间自行负责辖区内部的安全环保管理。在组织运行过程中，生产管理部门重生产、重安全，对环保管理较为松懈，管理思想因循守旧，日常的环保为连续稳定生产让步，次生的环保问题留在环保管理末端进行治理。企业每年为环保达标投入数百万元进行集中整治，但往往经不起检查，达不到环保检查的要求。

日常管理措施滞后。环保基础设备在项目建成后，后续日常的优化、升级改造等基本处于停滞状态，运行维护管理均得不到保障，连续稳定性较差；内部监督管理流于形式，是为应付外部检查而检查，重事后调查，缺乏事前预防，主动治理和管理极其不足。

环保管理信息反馈滞后。环保设施设备、指标运行数据得不到与生产、安全管理信息同等的重视，在出现较大偏差或严重问题时才引起重视。

三、重庆映天辉采取的管理措施

（一）革新企业环保管理组织架构

企业为了加强和保持持续的环保规范化管理，革新环保管理组织架构，重新划定管理职能。成立生产指挥中心，通过生产指挥中心全面负责企业生产组织、环保管理，通过生产专业组织部门抓环保的源头治理。首先，通过生产调度实行 24 小时持续环保、监督管理。将生产组织职能、环保管理职能合并到一个职能部门，通过在指挥生产的同时落实环保管理工作，并对生产车间环保管理工作进行综合性管理。其次，通过生产组织部门对重大的环保技改投入结合生产实际需要进行论证、调研、引入技术，进行立项改造，让问题从生产内部得到解决。从而提升生产项目技改和环保项目技改的兼容性，使环保技改项目实施具有更多的可操作性、可持续性，确保在技术论证、投资建设、持续运行上能更高效、系统地落实，并化解了企业内部环保管理制度易“立”难“行”“做”“管”分离的矛盾。强化内部监督管理，重点侧重对生产组织过程问题的监督、抽查。

（二）建立、健全管理制度

重庆映天辉建立了环境管理体系，完善各项环境卫生管理制度，认真强化从采购、储运、生产、销售各个环节的事故防范和应急措施，完成环境事故应急预案的编制并报市局备案。在企业 QHSE 标准化管理体系建立过程中，企业依据相关标准的要求，建立了《环境管理程序》《废弃物管理制度》等一系列环境保护的相关制度，并对公司范围内的环境影响因素进行识别，共识别出环境影响因素 296 项，重大环境因素 24 项，同时逐项制定了控制措施。

（三）全面推动清洁化生产

推动企业清洁化生产，实施源头削减，实现源头控制。为了科学、系统、全面、持续、有效地推动企业环保治理，重庆映天辉全面推动清洁生产体系建设，实现环保综合治理持续达标，形成了专项体系方案来推动该工作，公司一把手任组长，生产指挥中心具体实施，负责并建立指标体系，推进体系评价工作。项目建设强化落实“三同时”。当前重庆映天辉在建PPS、盐硝联产、碱蒸发、氢气提纯等项目，严格按照新的环保法中项目建设环保设施“三同时”的要求落实执行。

加强运行源头管理优化工艺，降低用水，提升物料转化率、利用率。从污染因子的产生源头进行管理，降低污染物料的产生量。重庆映天辉通过近两年的持续投入，在源头上开展了以下项目，并取得了相应成果：配合化工园区对化工园区 MDI 项目的废盐水进行 100%利用，生产系统水平衡综合利用项目（MVR 冷凝水利用、整个生产系统蒸汽冷凝水回收利用、碱蒸发冷凝水回收利用、氯碱再生过程中的再生废水优化使用），吨碱综合用水量降至 1. 5~2 吨；持续投入约 300 万元研发电石渣、盐酸、芒硝等副产物的综合利用项目，当前中试已取得成功，正在筹备后续的建设。

规范生产运行过程，控制源头治理。从操作、控制源头抓起，工艺规程除了对工艺、操作、原理进行明确外，同时增补环保设备、设施操作控制要求、运行风险应对措施、控制指标等内容，使环保和生产指标、报表同步进行。重庆映天辉三氯乙烯氯化装置采用的是液相悬浮工艺，反应分离采用中压蒸汽，使用活性炭载体催化剂，装置产生的氯化母液、蒸馏高沸、低沸、蒸馏残渣、废催化剂等污染物处置成本高、环保压力大，因此在运行过程中进行优化控制、降低危废产量显得尤为重要。加强设备维护、维修，杜绝跑、冒、滴、漏，制定检维修方案的同时，做好环保污染风险分析，实施物料排放回收措施。

加强管理。安装必要的监测仪器仪表，落实计量监督，完善可靠的统计和审核（当前智能管控系统正在建设和完善之中）。制度和激励方面，建立了有环境考核指标的岗位责任制度与管理职责，并组织实施清洁文明生产。企业每年投入约 100 万元用于推动企业清洁化生产。原材料合理储存、妥善保管，产品合理运输方面企业取得了 ISO 9001 的质量认证，并且按期进行复审，以确保体系的健康运转。

（四）科技管理手段革新

引入科学现代化的管理工具、平台，服务支撑更复杂、要求高的管理需求，降低人员劳动强度，提升信息反馈及时性，增加管理效率。

移动视频巡查。引入移动式视频，对检维修置换、排放、环保事件处理能够实时形成视频，自动输入公司的信息系统，并能在移动客户端实时观察了解情况，有助于管理者及时掌握现场执行情况。

引入手机云办公软件。重庆映天辉于 2016 年 8 月引入移动云办公软件系统，通过手机的移动平台，将信息管理延伸至员工层面，缩短信息传递的时间。有效建立起了一线员工与管理者的沟通网络，使一线员工在收集到异常信息时能够及时反馈到平台，传送到相关管理者。该软件使整个生产管理更趋扁平化，通过内置专门的环保管理 APP，一线员工上班收集的环保管理信息能够自动进入系统，过程中出现的异常信息能及时反馈，供管理者及时提出整改措施，并进行管理。

建立环保、生产智能管控系统。与重庆市环保局下属的企业建立合作，定制了一套环保、生产的智能管控系统。通过该智能平台软件将氯碱装置、TCE 装置 DCS 变量列表下传至专用的服务器，通过专用的软件对整个生产系统的数据进行对比、分析，系统对出现偏离正常运行的指标逐级传入相关的管理人员手机 APP 中，并提供解决预案，供管理人员或工作人员参考和选择。环保数据通过该系统与手机云办公软件收集到的环保问题数据共同形成企业环保管理的报表，并与市局的环保大数据公司联网。以上信息平台的综合应用实践，大量提升信息传递的及时性、处置的针对性，让整个生产环保管理更智能、便捷，大幅度降低员工、管理人员的工作强度，节约大量人力成本。

四、结语

通过组织管理模式创新，推动企业环保源头治理，实现生产清洁化，同时通过企业智能管控系统、移动办公软件管理平台、移动式视频等管理技术手段的陆续投入，当前重庆映天辉环保治理工作初见成效，并且此过程中企业的组织建设、运行管理、效率管理等多方面均取得了明显的改善和提升。

案例五　云南三环化工有限公司的企业文化

云南三环化工有限公司（以下简称三环化工），是坐落在万山丛中山沟里的一个磷肥生产企业。公司拥有2000多名员工，十几亿元的销售收入，2亿~3亿元的利润，虽然产销规模不算最大，却有着行业领袖一般的业界地位和影响力，对中国磷肥市场的定价有着“风向标”一般的话语权，是世界头号磷肥工业巨头——美国嘉吉集团（Cargil）最为心仪的中国合作伙伴。

2003年开始，三环化工的董事长吕庆胜一直在想：什么是我们三环化工的核心竞争力？是靠近矿源吗？不是，因为很多同行企业都靠近矿源。是我们的技术、装备和工艺吗？不是，因为我们的技术、装备和工艺没有什么特别的。是我们的产品质量或市场营销吗？不是，因为我们的产品质量和市场营销并没有不可超越之处。那是什么呢，是什么东西让我们三环化工与其他磷肥企业区分开来，成为别人无法模仿和超越的竞争优势？对三环的一切人事和家底都洞若观火、知根知底的董事长吕庆胜逐项盘点下来，得出这样的结论：是企业文化，而不是别的什么，成就了公司今天的光景，支撑着三环明天的希望！当矿源供应、技术设备、产品质量、营销方式……一个个地被竞争对手看齐或超越之后，只有三环人身上的那股子精神和作风，那种相濡以沫、风雨同舟形成的共通情感，那种像空气一般弥漫在2000多名三环人中间的企业文化，是三环化工保持生命活力的火种。

这个结论标志着企业认识上达到了一个新的高度！三环化工在一如既往地抓供、研、产、销的同时，自觉的和有组织的企业文化建设开始提上议事日程。而且，还要把文化当作企业的核心竞争优势来打造。

一、解决“1号问题”：建立企业文化建设的系统思维

如果你问一个企业，它的成长历史、发展战略、采购体制、技术路线、成本控制、质量检测、薪酬体系、营销策略、客户服务、财务政策等是什么或怎么样，总有明白人向你如数家珍般地从容对答。如果你问这个企业的企

业文化是什么或怎么样，有什么特点，将来准备往哪个方向发展、怎样建设？恐怕很难找到一个能一以贯之地真正说明白的人。

什么是企业文化，这个企业的文化是什么，怎样抓企业文化建设，为什么要这样抓？这些问题，从一名普通员工到一位文化专家，都见仁见智。

企业文化建设时候遇到的第一个问题或难题——我们不妨称为企业文化建设中的“No. 1 Issue——1 号问题”，主要包括以下三个方面：

（一）确立企业文化建设的理念和目标

企业文化建设有三重境界：第一重境界是确立价值主张，美化企业形象。提出一套“说法”以面对员工、公众和社会，同时要做必要的企业形象美化工作比如 CIS 等。第二重境界是提升组织效能，强健竞争力量。把企业文化落到实处，转化为员工的精神作风和队伍的战斗力，而不仅仅停留在说法和形象上。第三重境界是建设精神家园，安顿心灵归宿。在终极价值上以人为本，使员工在这份事业和这个人群中找到精神家园、实现心灵归宿。这三重境界是企业文化建设的目标进阶。

用王明夫先生的话来说：企业文化究竟有多大作用？无用之用乃为大用！你的企业，在经济利益高度充裕之后，或许在将来某一天，必须以强劲而灿烂的企业文化为突破，点燃全体成员的一种新热情，照亮事业的一种新前景！

（二）清晰企业文化建设的逻辑

“先造人，后造物；先造就人，后造就企业”是企业文化建设的基本逻辑，意味着追求远大理想的企业，首先必须形塑一群有品质的人，然后才能造就有品质的事业。在这一基本理解下，三环企业文化建设的工作逻辑清晰：①从原生态的云磷文化中总结和提炼出优良的文化传统，使其清晰化、系统化和成文化；②基于当前和未来的新形势新要求，设计和导入适应未来发展需要的新文化（新的价值观、理念、信念、作风和行为要求）；③建立一套企业文化运行体系和机制，通过这套体系和机制的运行把优良的文化传统和新型的文化要求贯彻落实到组织和员工的日常行为中去，实现对三环人的形塑，最终造就伟大的事业和伟大的集体。

（三）明确企业文化建设的工作体系

即企业文化建设从哪些方面着手，做些什么，怎样做，如何保障效果。

大体说来，企业文化工作体系包括三大模块：企业文化内容体系、企业文化运行体系、企业文化监测评价体系。

通过上述工作，三环化工的企业文化工作变得理念清晰、目标明确，工作内容纲举目张，工作步骤有条不紊。与此同时，三环化工的相关工作人员对企业文化的理解和认识也实现了一次很好的深化和系统化，为后续的企业文化建设奠定了思想基础和干部准备。

很多公司搞企业文化建设都存在措施没章法、做事没头绪的现象，想起一出是一出，东一榔头西一棒子，领导关心啥就重点热闹啥，企业文化建设一直没能转化成为一种润物无声、滴水穿石的企业常态和持续功夫。这种现象，究其原因，就是对企业文化的性质和意义没有真正的理解和认识，没有建立起关于企业文化建设的系统思维和工作体系。鉴于此，系统思维和工作体系的构建和导入，成为三环化工的“1 号问题”。

二、文化寻根：提炼文化基因，传承精神薪火

饮水需要思源，文化必须寻根。对任何一个有历史的企业来说，企业文化建设的必备内容是，从企业的成长岁月和顺逆经历中去发掘和提炼出智慧和意志、经验与教训，然后升华为宝贵的文化精神遗产，以资后人记取、代代相传。搞企业文化建设如果忽略了这一点，那么无异于修建祠堂遗忘了梳理族谱。

三环化工基本理念体系如下：

经营理念：稳健、诚信、共赢。

管理理念：细节、效率、诚信自律。

发展理念：领先半步、学习、进取、可持续。

三环化工前身为云南磷肥厂，于 1973 年开始建设，一群人因为这份事业而“圈”在同一个山沟里风雨同舟三十多年，一代接一代的云磷人求生存、谋发展，成功与失败相伴，在新世纪终于迎来了企业崛起的曙光。这样的一个企业，这样的一群人，会有什么样的生命意志和精神情感，足以成为文化之根、精神薪火呢？

在吕庆胜董事长、宋应宁书记和三环文化工作小组的指导和启迪下，三环化工的文化根脉和精神薪火得到了如此浓缩的解读和悟识：“勤+情”的

意志精神，厚土的文化品格，结晶成了三环化工的核心价值观——天道酬勤，天道酬情！“顺应天道、得合人心”成为企业的基本生存哲学，求生存、谋发展的大指引！做企业讲究勤勤恳恳、艰苦奋斗，做三环人讲究兢兢业业、吃苦耐劳；做企业讲究以情义实现结缘汇势、同舟共济；做三环人讲究对企业有归属之情，对他人和社会有关爱之情，对工作和生活有热爱之情。

三环化工崇尚厚土品格，倡行厚土文化：土居五行之尊，质朴无华，沉稳宽厚，博大包容，消融污浊，自我肥沃，在不事声张和戒除浮华之中蕴含着真正的实力和无限的能量，承载众生，生养万物，化腐朽为生机，转枯败为繁盛，春华秋实，生生不息！这些就是厚土的品格，引以为三环化工企业文化品性的象征。质朴而戒浮华，内敛而戒张扬，沉稳而戒浮躁，宽厚而戒刻薄，以真正的实力和不竭的能量造就丰收的大地、蓬勃的生机！

三、建立理想：明确使命追求，确立愿景目标

心有鲲鹏邀天地，功名气节合自成！伟大的理想是伟大事业和伟大组织的魂魄；使命、愿景和目标，是企业决策的方向、前进的旗帜，是感召和协调组织成员行动、激发大家生命热情和工作意义的号角！任何真正的理想，都是“识时务者为俊杰”的产物，是远见卓识加浩然之气的结晶。登东山而小鲁，登泰山而小天下，非高瞻远瞩、胸襟磅礴者，何以能勾画出大气象、树立起大理想？

历史证明，凡是成就大事业者，都是理想集团，而非利益集团。三环化工，中国磷肥工业的前锋厂商，身处磷矿资源富集的云南腹地，面临已经逼近到家门口的国际产业竞争，适逢中国经济腾飞和大国崛起的流金岁月，面向未来，该确立什么样的理想呢？或者说，追求什么样的理想才无愧于这个时代，无愧于产业强企、产业强省、产业强国的期盼？

历史上三环化工既定的目标皆已一一实现，多少风流俱成往事。现在和将来，用什么理想和目标来感召全体三环人走向事业的新时期呢？三环化工迫切需要对自己新时期的使命、愿景和目标作出清晰的定位和系统的表达。这是三环企业文化建设中的树魂立魄工程。

三环化工的使命追求：为客户创造价值，为股东创造回报，为员工提供

事业家园，为社会带来和谐发展！三环化工的愿景目标：成为中国最大的世界级磷化工企业集团！

三环化工的经营方向集中在磷化工产业上，首先以做大做强磷肥产业为战略重点，然后选择时机向磷化工产业的其他产品领域扩展，最后发展成为一个综合性的世界级磷化工企业集团。在此目标达成之前，三环化工绝不进入磷化工之外的其他产业领域。

从当前的产业散、乱走向未来的产业集中，最终形成寡头垄断的产业格局，是中国磷化工产业的必然趋势。在这一趋势面前，非大不足以致强，非强不足以成大，唯大且强者得以生存。三环化工致力于成为国内产业集中趋势的领导者和未来磷化工产业格局中的最强最大者。

在今天这样一个全球化时代，国际产业竞争是决定企业命运的一股强劲力量。企业必须致力于打造自己的国际竞争力，稳固自己在国内市场的地位，同时具备条件进入国际市场，以获得更大的生存空间。为此，三环化工需要致力于发展成为一家具备国际竞争力的世界级企业集团。

身处大浪淘沙、产业集中的时代洪流之中，面临国际产业竞争的大势，“成为中国最强最大的世界级磷化工企业集团”不仅是三环人心向往之的宏伟理想，更是确保生存安全的基本要求。

四、明确企业成长思维：产业、组织和人

采购成本控制得好、研发保持一定量的投入、产品质量优良、营销工作做得也不错，按部就班地围绕“供—研—产—销”的程序就这样经营下去，这个企业是否就行了呢，是否就能保持成长和赢得未来呢？答案是否定的。仅限于“供—研—产—销”的概念，仅限于把磷肥“产品”做好了，如此这般的“厂商”思维，远不能适应产业变迁和现代竞争的新形势、新方式。

因此企业必须从“产品”思维跳出来，站到“产业”的高度上来看待厂商的命运走向。中国的磷肥工业，目前处在“类摩根时代”：重复建设、厂商林立，2005 年全国磷肥厂商多达 1100 家，在工业制造环节普遍缺乏规模经济，产品同质化程度十分严重。在上游磷矿生产环节，“滥采乱挖、采富弃贫、大矿小采、高矿低用”的现象非常严重，资源利用率很低，浪费严重。中国磷肥产业价值链，离真正地有效率和真正地具备国际竞争力，差

距还非常大。云南省作为磷肥产业最具竞争优势的一个省份，形势与全国相同，在工业制造环节，形成了以5家主要磷肥厂商为主角、众多小工厂为配角的“5+N”同质化竞争局面，大家竞相上产能、扩规模、拼价格。在上游磷矿资源环节，一盘散沙、滥挖乱采。一句话，中国的磷肥工业呈现出“散、乱、差、弱”的整体格局，产业集中度非常低，生产力布局很不合理。而进入中国磷肥市场来参与竞争的国际竞争者却是美国的磷肥产业巨头嘉吉集团（Cargill）。美国的磷肥产业早已完成了整合，长期以来形成了嘉吉和IMC两家寡头“两分天下”的格局。就在2005年，进一步的产业整合发生了：嘉吉与IMC合并，形成为美国磷肥产业的独家垄断巨头，全球磷肥工业的霸主。嘉吉集团CEO 2005年访问中国，在北京会见温家宝总理后，直接飞赴磷矿资源富集、磷肥产业具备竞争优势的云南，考察和探讨如何进入云南磷肥工业的问题。三环化工在与嘉吉的合资经营取得巨大收获的同时，也深感中国磷肥工业与国际水平的差距。可以肯定，在竞争和开放的背景下，中国1000多家磷肥厂商并存的局面不可能长久，产业整合和产业集中是产业升级的必由之路和必然方向。问题是，放眼未来10~20年，在这场势所必然的产业集中过程中，谁整合谁，谁挤垮谁，谁被整合，谁被挤垮，需要具备什么样的经营理念和成长思维的企业才可能实现从“磷肥厂商”到“产业领袖”的跨越，而笑到最后？

三环人的理念、眼界、作风、思维方式和知识结构，有着深刻的“工厂”烙印，很多干部和员工习惯于以产品为中心的思维模式。在他们的理解中，企业成长的核心概念可被归结为：做好产品，扩大产能。而企业的整个组织体系，也是以“产品”的生产和销售为中心建立起来的职能制体系。对大多数三环干部和员工来说，他们的产业思维、资本运作思维、公司治理思维、组织变革思维、价值链竞争思维、全球化竞争思维等，还处在思想认识上尚未完全觉醒、知识结构上尚未完成准备的鸿蒙阶段。这是三环化工走向未来、从一个工厂型企业升级为一个产业领袖型公司的最大阻力和障碍。换句话说，如果三环化工的干部队伍不能在企业成长思维和发展理念上完成一次文化变革，那么这个企业要实现从工厂型企业向产业领袖型的世界级磷化工企业集团的跨越，那将是一个沉重而艰难的任务，甚至是一个“不可能完成的任务”。在认识上先知先觉、在战略上雄心勃勃的吕庆胜董事长，

对此深怀忧患、备感沉重。于是，围绕企业成长思维的升级换代而实现系统的思想建设和观念变革，成为三环化工企业文化建设（毋宁说是企业文化变革）的主体内容之一。

三环化工未来成长所面临的文化挑战首先表现为发展理念和企业成长思维上的思想老化和认识滞后。“云磷文化”有着优良的企业文化传统和精神，这些优良的文化传统和精神不仅成就了三环化工的今日辉煌，而且也是三环化工走向未来最宝贵的精神财富和力量源泉，值得永远地继承并发扬光大。这是三环化工赖以成长为参天大树的“根”！但是，全体三环人都需要清醒地意识到，时代发展到今天，仅仅凭借云磷文化传统和三环现有的文化基因，已经不足以支撑三环化工走向更高的境界和更大的发展。走向未来，三环化工除了继承和发扬传统文化之外，还需要补充哪些新的文化基因呢？需要从哪些方面、朝什么方向升级三环化工的企业成长思维和发展理念呢？怎样对此完成系统思考，并做出经得起考问和检验的清晰阐述呢？

在这个问题上，三环化工完成了关于成长思维和发展理念的系统思考，并进行了该企业有史以来第一次清晰的和完整的表述——浓墨重彩地把产业维度的成长思维写进了《三环文化法典》，主要内容包括基于产业而非基于产品的成长思维、把领导产业结构变迁当作未来阶段的主要成长方式、把产业价值链整合当作长期竞争战略的主线内容、通过参与国际竞争与合作来强健自身竞争力获取国际成长空间。

如果说底蕴的厚度决定事业的高度，那么一个企业关于产业的理解与认识，是决定这个企业成长高度的最重要底蕴。

（一）编撰企业文化故事集

一个个故事，从上一辈讲给下一代，从你讲给我我又讲给他，延续下来、铺延开去，于是听着相同故事长大的人们有着趋同和共通的价值观、信念、习惯预期、情感方式和行为取向。这群人就形成一个“共同体”，小则一个村落、公社，大则一个民族、社会，他们会相互亲近、认可、关心、照应、诉说、捍卫，必要之时、情势所至，他们甚至会舍私为公、舍己为人。我们不能想象，中国人如果心中没有这些共同的故事，十几亿人口何以凝聚和团结成为一个“民族”，又怎样完成“中国人”的身份认同及和谐地生活在同一个社会。故事是文化的载体，是文化的表达式，是一群有着共同文化的人的情感纽带。企业文化故事集是企业文化建设中不可或缺的基础工程。三环化工30多年企业历史的文化积淀，有了一部生动、鲜活的故事化文本。而通过这个故事集的编撰，把识别、选取和撰写企业文化故事的理念、角度、方式方法和技能技巧，复制和内生到三环化工的企业文化工作人员身上，恐怕是这项咨询工作对三环化工的企业文化建设有着更长远意义的事情。

（二）创作企业文化法典

在企业的芸芸众生中，各有各的活法，并不是每一个企业都有必要立一个企业文化大纲或曰企业文化法典。像三环化工这种把企业文化当作自己的核心竞争优势来打造的、雄心勃勃的公司，就真的很有必要制定一部纲领性和全局性的“企业文化法典”。就像建国不能没有宪法（基本法）一样，打造企业文化核心竞争力，也不能没有一部“企业文化法典”。

一部好的企业文化大纲或曰法典，它的基本要求应该是：①在体系上，它是企业文化建设的基本法，覆盖了企业文化的主要领域，为企业文化的各个主要方面统一了立场、明确了口径，形成了企业文化建设的系统思维，在企业文化建设中起到纲举目张的作用，在企业经营和管理中起到理念指导和精神旗帜的作用。②在具体内容上，它应该条款适中和适用；观点和持论正确，义理阐释充分，从观点持论和义理阐释都经得起时间的检验；行文富有感染力、能够激发情感和美感；内中有许多观点和表述能被行业内引为“境界”甚至为社会所津津乐道。③在社会影响上，它的认识水平和思想境界优于行业内其他企业甚至优于社会范围内著名企业的同类文本，能够引发广泛的阅读、讨论、传抄和录印。

《三环企业文化法典》精神庄严、文采飞扬。其指引的方向、理念、路径和境界，正如三环化工高管所说的那样，足以照亮中国有志向磷肥企业的未来！

（三）设计企业文化的运行机制，推动企业文化的落地生根

企业文化建设，最忌讳仅仅停留在“嘴上说、墙上贴、会上喊、纸上写”，不能落到实处，不能转化为组织和员工的态度、作风、行为和生活。此中的关键是，能不能建立起一套常态化的企业文化运行机制。建立常态化的企业文化运行体系是整个文化建设的重要内容。

除了文化组织建设、制度与理念的一致性检验等常规内容外，三环化工培养了一批企业文化大使，他们的主要职责就是传播、创新三环文化。文化大使的文化理念宣讲活动深入基层，受到了广大员工的喜爱。

归根结底，企业是一群人得以安身立命、赖以求生存谋发展的生命方式。如何让一群人团结成为一个和谐协同、精神焕发、和衷共济的共同体，让一群人的生命创造力美丽绽放，让一群人的生命“意义感”充沛丰盈，这不是机器设备问题，不是产品服务问题，不是投入—产出问题，不是商业生意问题，不是工资奖金问题，而是地地道道、彻彻底底的文化问题。文化问题，必须用“文化”去解决！我们需要循着文化的方向、依照文化的方式来找到如何使生命感到意义、让事业长久兴旺的终极答案。可以肯定的是，关于企业文化的理解，对企业文化的态度，是企业家境界高低的一道标志性的分水岭。

五、小结

道行有多高，事业就有多大。企业文化是一种道行，深浅自悟！以更直观和更务实的意义去看，企业是一堆机器设备，是一条制造产品或提供服务的生产线，是一条投入—产出的流程，是一种商业，是一份生意……所有这些关于企业的理解都是对的，但仅此理解又还远远不够。除了这些之外，企业还是一群人得以安身立命、赖以求生存谋发展的生命方式。关于企业文化的理解，对企业文化的态度，是企业家境界高低的一道标志性的“分水岭”。三环化工吕庆胜董事长、宋应宁书记等，一个土生土长的云南企业家团队，无意间站到了这条“分水岭”的境界高处。经营了一辈子商业的松下幸之助，因其商业上的巨大成就而被誉为“东方经营之神”，而到晚年的时候他却说：“企业是一种宗教事业！”关于企业与文化的关系，这真是一种最高悟识。其中的深长意味，想做大事业的企业家们都应咀嚼再三。

根据《基业长青》作者柯林斯对高瞻远瞩型企业的观察，那些最成功的企业往往都拥有“教派般的企业文化”。企业文化作为文化的一种，它与宗教之间存在一定程度上的联系。企业家往往也会想如何通过企业文化的作用，在企业中构筑一种精神上的信仰，使员工对企业形成一种高忠诚、高凝聚力的精神境界，而宗教的力量正是这种希望的典型代表。

案例六　金正大集团的社会责任

社会责任又可分为“积极责任”和“消极责任”。积极责任也叫作预期的社会责任，它要求个体采取积极行动，促成有利于社会（不特定多数人）的后果的产生或防止坏的结果的产生。消极责任或者说过去责任、法律责任，则只是在个体的行为对社会产生有害后果时，要求予以补救。中国社会科学院2011年《中国企业社会责任报告》提出的社会责任指的是从责任管理、市场责任、社会责任和环境责任四个方面评价企业社会责任发展水平。

党的十八届五中全会提出创新、协调、绿色、开放、共享的发展新理念。习近平总书记多次强调，“像保护眼睛一样保护生态环境，像对待生命一样对待生态环境，像保护大熊猫一样保护耕地。”

针对当前耕地质量问题日益凸显，区域性耕地退化越来越严重，作为我国新型肥料的推动者，绿色生态的坚守者与保护者，金正大积极探索中国特色的现代农业发展新模式，走资源高效利用之路，大力推广缓控释肥、水肥一体化技术，实现水分和养分的综合协调和一体化管理，提高水肥利用效率，减少资源浪费，降低环境污染，实现增产增效。同时金正大通过建设100个农化服务中心、20个作物研究所，在市场上打造“万人农化服务”队伍，与全国农业技术推广服务中心开展全方位、多样化、针对性的农化培训、服务下乡活动，把系统化服务送到农村，为农民搭建一个服务大平台，构建一个点多面广、快捷高效的服务终端，为农民提供“一揽子”种植业解决方案，精准帮助农民脱贫致富。

金正大生态工程集团股份有限公司（以下简称金正大）成立于1998年，主要从事复合肥、缓控释肥、水溶肥、土壤调理剂及其他新型肥料的研发、生产和推广，是全球最大的缓控释肥生产基地。现有总资产153亿元，员工10000余人，年生产能力700万吨。2010年，金正大在深圳证券交易所上市。2015年实现销售收入177.48亿元。

金正大集团是国家重点高新技术企业和国家创新型企业、缓控释肥料国家标准与国际标准起草单位、全国缓控释肥产业技术创新战略联盟理事长单位，拥有全球最大的缓控释肥生产基地，在国内建有15个生产基地，并在美国、澳大利亚、印度、西班牙、挪威、以色列、德国、荷兰、越南、新加坡、中国香港等地设有分支机构。2016年，金正大集团分别收购了欧洲第二大控释肥企业荷兰EKOMPANY公司、欧洲特种肥料第一品牌德国COMPO公司（康朴公司）以及西班牙NAVASA公司70%股份。整合全球技术，实施国际化发展。

情系农民、服务农业是金正大得以存在的“根”与“本”，是作为一个农资企业的价值所在。金正大通过产品创新与服务升级，为农民提供优质的肥料产品、专业的特色农化服务和“一揽子”的种植业解决方案，帮助农民增收、促进农业发展。

一、企业社会责任管理

金正大结合企业服务“三农”的行业特点，提出了企业社会责任观：“依托肥业科技先导者的专业优势，以科技创新改造传统农业为支撑，以帮助农民增产增收为动力，以改善农业生态环境为己任，主动承担‘经济、行业、环境、员工、社会’的五重责任，促进自身和利益相关方共同协调可持续发展。”

金正大高度重视企业社会责任工作，致力于将企业社会责任融入集团发展战略与日常运营，目前已在企业内部达成了共识。从2010年开始，集团不断提高社会责任管理水平，以“社会责任管理提升计划”和“社会责任工作推进计划”为两翼，相互依托、有机衔接的社会责任工作总体架构和工作模式，推动公司社会责任工作水平不断提升，迈入全国先进企业行列。

以社会责任总体战略为指导，金正大建设了以集团总裁办公会为领导小组，各子公司及分支机构为成员，15个生产基地为责任主体的社会责任组织管理体系，子公司及分支机构在集团统一领导下开展社会责任管理工作，统一规划，分步实施，逐步推进全面社会责任管理，并取得明显成效。

金正大认为，企业社会责任是一种管理实践，是对现有企业管理模式的创新升华和变革，实践企业社会责任必须从企业的综合管理入手。以社会责任理念为指导，以“铸就世界领先、实现农业生态可持续发展”为目标，集团全力实施“技术、服务、公益三位一体发展战略”，以“帮助农民增收、促进农业发展”为宗旨，实现经济效益、环境效益、社会效益的协同发展。同时建立了全面社会责任管理的四个核心内容：管理目标模块、管理机制模块、管理内容模块、管理动力模块。在此体系下，坚持以科学的企业社会责任观为指导、优化公司使命、实施可持续发展战略、实现社会责任管理的“全员参与、全过程覆盖、全方位融合”，并持续优化业务运营、优化职能管理、公益管理、利益相关方管理等。

金正大十分注重加强与利益相关方的沟通与合作，建设了有效的利益相关方参与机制，2011~2016 年，公司连续 6 年出版发行《企业社会责任报告》，与社会各方进行有效沟通，同时通过官方微信、网站、企业文化系列丛书等自媒体、新媒体手段，收集利益相关方意见，不断提升社会责任管理水平。

二、企业社会责任实践

（一）坚持技术创新，引领行业转型升级

近年来，我国不合理施肥、灌溉的现象普遍存在，不仅浪费了资源、增加了农民种植成本，而且导致了农业面源污染、土壤板结、水土流失和土壤污染等环境问题。因长期重用轻养，耕作方式粗放，我国耕地质量严重退化。

在这种背景下，金正大将“世界领先的植物营养专家和种植业解决方案提供商”作为企业愿景，将新型肥料的研发作为首要任务，以超常规的研发投入来寻找可持续发展之路，身体力行为耕地质量保护和提升贡献自己的力量。

金正大通过系统整合养分资源高效开发与综合利用国家重点实验室、国家缓控释肥工程技术研究中心、复合肥料国家工程研究中心等 7 个国家高端研发平台，并与国内外 50 余家科研单位建立紧密的产学研合作关系，构建了我国新型肥料和植物营养行业顶尖创新体系。以创新体系为依托，以行业共性、关键技术开发为重点，金正大不断提高产业自主创新能力，解决技术瓶颈，扩大技术对外辐射，推动行业科技创新和转型升级，促进了新型肥料在我国农业领域的规模化应用与推广，保障了行业快速、持续发展。

（二）积极参与行业管理和标准制定，规范行业健康发展

金正大积极参与行业管理，是中国氮肥工业协会副理事长单位、中国磷复肥工业协会副理事长单位、中国农技推广协会副理事长单位、全国缓控释肥产业技术创新战略联盟理事长单位。在此过程中，参与行业的发展规划制定，为行业健康发展献计献策，对行业规范发展起到了重要推动作用。同时集团一直将标准化作为推动产业健康发展的重要手段，在行业内担当起标准制定者、推动者和实践者的角色，先后参与了 3 项国家标准、6 项行业标准、2 项国际标准的研究和制定，为促进行业健康发展奠定了重要基础。

（三）坚持服务“三农”，开启农业服务新模式

金正大秉承帮助农民增收、促进农业发展的企业宗旨，致力于为农民提供品质的化肥产品和服务。近年来，金正大对服务战略进行了重大调整，提出了技术先导、服务领先的核心经营战略，通过着力抓好结构调整和服务创新两条主线，走上了由“传统制造商”向“制造+服务”的转型之路。

金正大坚持贴近终端，服务市场的战略，在全国布局 15 个生产基地，有效降低了生产和运输成本，真正让利于农民，且可依托各基地为辐射区域的农民提供更全面的服务。同时，金正大充分整合自身在产品、技术、品牌、服务等方面的优势，通过向农民和种植户赠送肥料、滴灌设备和播种机械等，免费提供种植技术培训、测土配方指导，通过产品扶贫、技术扶贫、投资扶贫等多层次、全方位的服务形式，让农户享受到现代农业技术带来的便利和实惠。

（四）诚挚回馈社会，助力公益事业发展

创立 18 年来，金正大在快速健康发展的同时，关爱弱势群体，心系慈善事业，积极承担企业对社会责任、社会公益事业的义务。通过开展爱心助学，资助农村贫困学子成就大学梦；充分发挥企业资源优势，开展技术扶贫，为千万农户实现了创业致富梦想；弘扬传统慈善文化，构建和谐企业文化，努力提升员工幸福指数，积极履行社会公益责任，取得了良好社会效益。

具有鲜活生命力的慈善事业必须植根于良好的慈善文化土壤之中，金正大把发展慈善事业、传播慈善文化、普及慈善意识作为提升员工素质的一个重要内容，通过多种形式开展公益性质的企业文化活动，广泛宣传慈善之

举、慈爱之心，让慈善文化、感恩文化深入到每一个金正大人的心灵深处，营造人人可参与公益活动、人人宣传慈善文化的浓厚氛围。

金正大认为员工是企业最重要的财富，始终坚持以人为本、人力资源优先投入的原则，让想干事的人有机会、能干事的人有平台、干成事的人有地位，努力建设“幸福金正大，美丽金正大”，让员工过上“健康、快乐、超小康”的幸福生活，积极打造和谐温馨的企业文化。

三、企业社会责任成效

（一）推广农业科技新产品，推动农业绿色发展

对于耕地保护工作，习近平总书记强调，“耕地是我国最为宝贵的资源。要实行最严格的耕地保护制度，像保护大熊猫一样保护耕地”。金正大作为农业战线上的“排头兵”，始终把“保护耕地质量，促进粮食增收”作为企业社会职责中的头等大事。多年来，一直致力于提高肥料利用率、增加作物产量、提高耕地质量的研究。

金正大通过高端研发平台建设和产学研合作打造的高层次新型肥料技术创新体系，已成为原始创新、集成创新和引进消化吸收再创新的重要保障与持久动力。通过创新体系建设，金正大已承担国家科技支撑计划等 40 多项省部级以上科研项目，授权发明专利 192 件，获得国家科技进步二等奖 2 项、省级以上科技奖励 7 项，在新型肥料领域储备了一批关键共性技术，并通过向上游氮肥企业、同行业企业进行技术输出，引领着整个化肥行业在工艺、技术、产品等方面的转型发展。

金正大自 2006 年开始生产推广缓控释肥，缓控释肥可提高肥料利用率 30%~50%，在减量施用 20%~30%的情况下不减产，从而减少资源浪费，减轻对环境的污染。2015 年，金正大生产销售缓控释肥 180 多万吨，仅以新型环保缓控释肥 180 万吨计算，按种植作物玉米，每亩节省尿素用量 20~30 斤计算，每亩节约成本 20~30 元，仅此肥料推广就节约 90 万吨标煤，并减少二氧化碳排放约 225 万吨，全国范围内使用缓控释肥的农户总节肥成本约 10 亿元以上。2006~2015 年这 10 年间，缓控释肥施用面积超 2 亿亩，基本覆盖了我国主要区域的大田与经济作物，节本增效约 740 亿元。

除缓控释肥之外，金正大还开发了水溶肥、生物肥、土壤调理剂等系列

产品，以水溶肥和水肥一体化技术为例，与传统灌溉施肥方式相比，水肥一体化技术可实现每亩节水 150 方以上，水分利用效率提高 20%~50%，节肥 20%~30%，肥料利用率提高 20 个百分点。截至目前，金正大累计已推广面积 300 余万亩，折合约节水 4.5 亿方，节肥 4 万~5 万吨。生物肥和土壤调理剂的应用，可防止土传病害、改良土壤，对我国土壤质量的提升起到了重要作用。金正大自 2013 年开始酸性土壤调理剂的应用推广，10 余个省份的应用结果表明，项目产品对酸性土壤具有明显改良作用，作物增产幅度 5%~20%，土壤 pH 值每年提高 0.2~0.4 个单位，并对增加土壤中放线菌数量、减少土壤中真菌数量有明显作用。

（二）培训现代新型职业农民，投资落后地区，助力精准扶贫

为加强新型职业农民培训，更好地推动新型肥料产品、科学种植技术的应用和推广，金正大与农业部合作共建“农民田间学校”。2015 年 8 月 24 日，农业部与金正大合作共建的首个“农民田间学校”在广西南宁市武鸣县挂牌成立，此后，金正大在贵州、云南、湖北等地开设多所“农民田间学校”，累计培养近千名农技带头人。

此外，2015 年金正大先后五次组织国内上千名种植大户、农业技术研发与推广人员，赴以色列学习现代农业技术，参加水肥一体化、现代农业信息化、育种栽培等技术方面的培训与交流，持续推进学习、引进以色列先进农业技术和模式。

金正大为解决农村劳动力短缺问题，致力于先进技术的推广，“种肥同播”技术作为缓控释肥推广的重要载体，金正大在山东、河南、河北、安徽等 9 个省的玉米上开展“农化服务万里行”“种肥同播”技术服务、万名机播手培训等活动推广，七年来金正大共投入并调动 16.8 万余台种肥同播机，培训机播手 18 万余人次，累计推广 1850 万亩，新增经济效益 37 亿元，将“种肥同播”打造成了服务“三农”的“农业服务”品牌。另外，为解决农民前期投入大的负担，金正大联合国内外众多滴灌设备厂家，在全国开展“赠送水肥一体化 10 万套滴灌设备”的大型公益推广活动，同时向农户免费提供全程作业指导与技术服务。

与此同时，金正大通过建设 100 个农化服务中心、20 个作物研究所，在市场上打造“万人农化服务”队伍，在全国范围内开展全方位、高水平、多样化的农化培训、服务下乡活动，把增值服务送到农村，为农民搭建一个服务大平台，构建一个点多面广、快捷高效的服务终端，真正做到为农民提供“一揽子”解决方案，精准帮助农民脱贫致富。

金正大还将企业经营与扶贫工作紧密结合，在经济较为贫困的贵州省瓮安县投资60亿元建设磷化工基地，解决了当地3000余人的就业（职工年收入超过1亿元），并拉动了当地交通、建筑、餐饮等产业的发展。

（三）扶助弱小，助力建设和谐美丽中国

金正大坚持以人为本，持续关注教育事业，通过设立爱心助学金、慈善助学金、高校奖学金等多种渠道帮助家庭贫困的大学生圆其大学梦。一是在集团内部设立“爱心助学金”，为贫困职工子女教育尽一份企业的责任。爱心助学金发放11年来，已累计资助职工子女1925人次，发放助学金900余万元。二是定向捐款给相关民政部门，设立慈善助学金。自2014年起向临沭县民政局捐款500万元设立“金正大慈善助学金”，每年在全县选取100名刚考取大学的困难家庭学生，每人给予1万元的助学资助。目前，“金正大慈善助学金”已连续发放3年，累计资助学生300人。三是与全国各科研院校合作，设立“高校奖学金”。金正大相继与山东农业大学、中国农业大学、青岛农业大学、临沂大学、西北农业大学等高等院校合作，设立“金正大高校奖学金”，多年来共计发放高校奖学金近500万元，受助学生达1000余人。

同时，在困难职工帮扶方面，搞好节日慰问，情暖万千职工。金正大每年安排专项资金50万元，为困难职工购买食用油、米面、肉等年货，走家串户，为每名困难职工发放1500~5000元不等的慰问金，多年来已累计发放困难职工慰问金300余万元，帮助家庭困难职工渡过难关，提升了职工的幸福指数。

作为我国新型肥料行业领军企业，金正大将继续秉承“引领行业技术进步”的责任使命，以超常规投入科技研发，开拓全球视野，为广大农民提供高质量、技术领先的“产品+服务”，专注服务“三农”、耕地保护、生态环境的可持续发展，进而推进我国农业的现代化发展之路，这是企业肩负的历史使命和不可推卸的责任。金正大将担当起这份沉甸甸的责任，成为“生我、养我的黄土地”坚实的守卫者。

后　记

中国社会科学院开展国情调研项目多年，取得了一系列成果。通常由项目负责人优选调研对象企业，并经由中国社会科学院有关专家评估，评估通过后，项目正式启动。本项目由徐希燕同志申请获准，调研对象为安徽立兴化工有限公司。作为中小企业的典型代表，其成长伴随着改革开放和经济全球化发展的浪潮，立兴化工在发展历程、成长模式以及战略转型等诸多方面都具有一定代表性，因而也具有典型的研究与借鉴的意义。

本书稿经项目团队通过实地调研并对所收集资料进行整理、分析、写作完成，书稿真实反映了该公司的发展现状和成功经验，可作为广大企业家、专家学者、政府官员们借鉴。

2017 年 2 月下旬，项目组徐希燕副研究员、张承耀研究员、余勇仁研究员、洪刚博士、拉提帕・巴提力博士、张文晓博士、刘阳硕士、刘陆禄硕士等一行来到安徽立兴化工有限公司调研，公司领导、各部门领导及员工们高度重视，给予大力支持与积极配合，顺利开展了调研工作。项目组收集到很多有价值的信息资料，为完成书稿奠定了良好基础。在此，感谢汪德林董事长、高道文主任、惠延风女士以及其他相关人员的积极支持与良好建议。

调研结束后，项目组多次对书稿提纲、写作内容、重点观点等进行论证、研讨与分工，历时三个月完成。书稿最后由徐希燕、刘陆禄统稿、修改、完善而成。在此，感谢项目组全体成员的努力！感谢安徽立兴化工有限公司全体员工的积极支持！因时间较紧，书中若有疏漏，祈请诸位不吝指正！

本书可望使广大读者从该企业借鉴管理智慧、拓宽知识视野、提升管理水平。

中国社会科学院工业经济研究所　徐希燕
2017 年 9 月 8 日